应用型专业综合改革试点项目"汉语言文学"阶段性成果
四川民族学院应用型示范课程"中国现当代文学"(项目编号：SFKC201743)阶段性成果

中国现代文学课程实践训练指导

朱茂青　王远明　编著

西南交通大学出版社
·成都·

图书在版编目（CIP）数据

中国现代文学课程实践训练指导 / 朱茂青，王远明编著. —成都：西南交通大学出版社，2019.9
ISBN 978-7-5643-7135-7

Ⅰ. ①中… Ⅱ. ①朱… ②王… Ⅲ. ①中国文学－现代文学史－高等学校－教学参考资料 Ⅳ. ①I209.6

中国版本图书馆 CIP 数据核字（2019）第 193240 号

Zhongguo Xiandai Wenxue Kecheng Shijian Xunlian Zhidao
中国现代文学课程实践训练指导
朱茂青　王远明　编著

责任编辑	梁　红
助理编辑	罗俊亮
封面设计	原谋书装

出版发行　西南交通大学出版社
（四川省成都市金牛区二环路北一段 111 号
西南交通大学创新大厦 21 楼）
发行部电话　028-87600564　87600533
邮政编码　610031
网址　http://www.xnjdcbs.com
印刷　四川煤田地质制图印刷厂
成品尺寸　146 mm × 208 mm
印张　7.75
字数　220 千
版次　2019 年 9 月第 1 版
印次　2019 年 9 月第 1 次
书号　ISBN 978-7-5643-7135-7
定价　28.00 元

课件咨询电话：028-81435775
图书如有印装质量问题　本社负责退换
版权所有　盗版必究　举报电话：028-87600562

前 言
PREFACES

随着国家经济发展和人才培养转型的战略需要,2015 年,教育部、国家发展改革委、财政部联合印发《关于引导部分地方普通本科高校向应用型转变的指导意见》,对我国高等教育改革做了全面部署。其目的是为了培养更加适应地方行业产业职业岗位要求的应用型人才。《中华人民共和国高等教育法》第五条规定:高等教育的任务是培养具有社会责任感、创新精神和实践能力的高级专门人才,发展科学技术文化,促进社会主义现代化建设。社会责任感、创新精神、实践能力是国家对高等教育人才培养的新要求。课程建设是教学改革的核心内容,课程内的实践教学是培养学生实践能力和创新精神的重要载体。在全日制高校和成人教育中,文学课程既是中文专业基础必修课,也是非中文专业选修课,文学课程对高校人才培养的重要性可见一斑。但是作为传统学科,文学课程要摆脱固化、僵化的教学模式尤为艰难;作为人文学科,文学课程要加强实践性,也是较大的挑战。根据科学实践观、认识论和建构主义课程观,将实践教学内涵界定为:依据中国现代文学课程教学目标和大纲,为配合课堂理论教学,由教师主导,学生在主动参与的具体实训活动中对所学理论、知识的认识和理解,以实践体验为基本形式,以学生综合素质整体提升为目标的教学方式。经过近两年的艰苦打磨,我们终于完成了实践训练教材《中国现代文学课程实践训练指导》，以期通过教材建设构建"理论实践一体化、教学实训一体化、学习科研一体化"的实践教学体系。教材凝聚着编写者的辛勤汗水和心血，我们既感到欣慰，又充满期待，期待该教材能得到使用者的认可。

该教材以学习方法和学习能力为培养目标，以学生参与式活动过程为学习主线，以教师授课和活动指导为学习导航，以学习作品评价为引导，以活动材料和资源为学习支撑，以学生学习活动日志为学习反思。

一、教材编写目的

本教材旨在完善现代文学课程的教材建设，形成一个得以固化的实训教学基础，努力实现文学课程的教学目标，通过实践训练落实应用型人才的培养。

1. 传授知识

本教材不弱化知识点，知识的传授仍然是文学课程教学的目标之一。本教材不仅明确、突出重要知识点，而且通过实践训练夯实相应的知识，并通过联系、比较的方法，培养学生的史学意识。

2. 培养能力和方法

本教材强调营造解决问题的环境，以帮助学生在解决问题的过程中活化知识，变事实性知识为解决问题的工具，并通过设计各种类型的问题，不断开拓学生的思维，创新实践的空间，以支持学生在学习活动中取得成功。

二、教材编写特点

1. 实践性

本教材的编写目的是为提高学生课程学习的整体应用实践能力。教材内容紧扣课程的教学目标,密切配合第一课堂教学,形成具有素质教育内涵的学习实践活动规划和方案设计。活动安排以生为本,学生是实践主体,将部分学生参与第二课堂转变为所有学生唱主角的全员实践。

2. 系统性

(1)课程基本知识及理论层面。本教材以目前通行的中国现代文学史教材和文学理论教材为基本依据,文学理论与文学史紧密联系,具有逻辑性与系统性。

(2)学习方法层面。既有宏观的课程、学科的学习方法,也具体到阅读、写作、口语交际、思维以及从属的基本方法的培训。

(3)能力培养与形成方面。主要从专业职业能力、方法能力、社会能力三个层面培养学生的能力。以教学工作为例,其教师专业职业能力包括:语文教学的实践能力(包括听、说、读、写)、科研论文和教学案例的写作能力、多媒体课件制作能力。方法能力包括:独立学习能力、解决问题能力、获取新知识能力等。社会能力包括:沟通交流能力、组织协调能力、团队合作能力等。

(4)寻求人文性和工具性的统一,两者的联结,是本教材编写的立脚点。

3. 梯度性

本教材对方法和能力的培养,由易到难,由浅入深。如学术研究能力的培养,则从研习已有的研究论文及文献综述、资料的收集整理、论题的形成、论文提纲的草拟、学期小论文的写作逐级训练，使实训过程扎实、有序。

4. 针对性

本教材的训练不贪大求全，保证训有所得。对每一章节、每一实训活动都明确标示出实践活动目的，并且，对目的中涉及的知识、方法、能力等都做了具体说明。实践教学活动完全围绕相应教学目的进行安排。

5. 可操作性

该教材紧密配合目前通行的中国现代文学史教材，设置实践训练内容，活动形式多样，具有可选择性。体例上体现了教材特色，便于实际教学使用。每一章节后附有必读作品、本章内容涉及的有价值的研究文献，还引入了最新的研究成果。提供重要的学习资料及本章内容相应的研究案例。在具体的活动设计中，活动提示更加明确。如：朗诵，自小学以来，课后训练就有"有感情地朗诵"这一条。但怎样做到有感情？朗诵的具体方法是什么？针对一篇作品，怎样做到精彩地朗诵？语文教材和大学的文学课程相关教材都不做提示，本教材对其进行了补充、实训。

6. 可持续性

本教材是以学生为学习主体而设计，它既是教材，又是学材。本教材依据文学史知识和理论知识章节的通常结构，形成体现参与式学习的模块活动结构，设计了材料阅读、资料查询、学生示范、互动交流、范例教学、模拟操作、过程记录、活动反思、实践练习等多种形式的参与式学习方式，使用时可以因学习的需要和学生的实际情况而制定实践教学内容。

三、教材主要内容

本教材总共有二十二个教学单元,其中,要求学生对中国现代文学三个十年的文学运动与思潮进行概括性的了解和探讨,主要是将重心放于各体文学的代表作家、作品。每一单元都明确了相关的实训目标,通过设置典型的问题,安排实训内容,既能让学生深入了解作家作品、文学现象,又能从其中学习把握作家作品的方法,培养各项能力。每一单元都有分析相关作品可用的基本理论提示,既方便初学文学评论的学生运用已学的基本文学理论工具分析解决问题,同时,也避免学生对已学理论的蹈空。每一活动单元最后均设有"必读作品""参考文献""拓展思考",可作为学生的自学提示。

四、教材使用建议

本教材在使用过程中,可配套使用教材有:①《中国现当代文学史》(曹万生,中国人民大学出版社2016年版)、《中国现代文学三十年》(钱理群,北京大学出版社2016年版)、《中国现代文学史1915—2016》(朱栋霖主编,高等教育出版社2002年版)。②《中国现代文学作品选 1917—2015》(朱栋霖主编,北京大学出版社2018年版)。③《文学理论教程》(第五版)(童庆炳主编,高等教育出版社2015年版)。

相对于按照学科知识点编订的教材,本教材具有重方法和能力培养的特点,必须突破传统的讲授教学方式和教学手段,以多样的教学方式进行教学:讨论法、案例分析法、任务驱动法、自主学习法等,教学手段不拘于教材,充分利用网络和多媒体。对教师而言,本教材以实训活动为主,与传统教材以知识为主线的讲授不一样,教师对教材的依赖性降低,一方面给了教师更大的教学设计发挥空间,另一方面教学前的准备、教学活动的组织安排将面临更多困难,同时，因为学生将作为教学中的主体，教学中的不定因素也增多。对学生而言，学生必须发挥更多的自主性，减少对教师、教材的依赖，花费更多的时间在课外搜集资料和课外任务的完成。使用教材时可以因实际课时、学生学习的需要和教学的实际情况弹性安排教学活动，这不仅是本教材编写中力求体现的教材特色之一，也同样是作者与教材使用者共同需要研究和回答的问题。

四川民族学院文学院王远明院长为本教材的编写提供了思路，并在教材的撰写过程中给予了大量的提示和帮助。本教材各单元均由四川民族学院文学院朱茂青撰写；四川民族学院文学院曹清清为具体作品的分析清理相应的理论，各单元的"理论梳理"均由曹清清完成。四川民族学院文学院王远明教授撰写《应用型本科教育：以教学系为角度的内向型与外向型工作》。四川民族学院文学院赵博老师撰写"文学课程的理论思维培养及应用"一节。四川民族学院文学院曹清清老师撰写"如何运用文学理论分析文学作品"一节和《使用"意象"概念时应注意的问题》。鲁东大学历史文化学院俞祖华教授，山东烟台市第一中学王静静老师提供论文《鲁迅改造国民性思想研究综述》；吉首大学文学院杨玉珍教授提供论文《〈边城〉的民族伦理与性别叙事》；暨南大学文学院贺仲明教授提供论文《自我与时代的心史——重读〈雪落在中国的土地上〉兼及艾青的诗歌意义》；四川民族学院文学院余忠淑老师提供论文《生态批评视野下阿来作品对人与自然的生态观照》；以上四篇论文作为论文范例，供学生学习研读。

由于编者水平的有限，本书难免存在一些错误或疏漏，请各位专家、学者批评指正。

编者于 2019 年春

目 录
PREFACES

单元一 绪 论 ·· 001
 活动 1 组建学习团队 ······························ 001
 活动 2 了解参与式教学 ··························· 002
 活动 3 明确中国现代文学课程的教学目标 ········ 003

单元二 中国现代文学史导论 ························· 005
 活动 1 联系已有的历史知识，讨论中国现代文学发生的
    根本原因 ···································· 005
 活动 2 中国现代文学的分期 ······················ 006

单元三 文学改良 ····································· 012
 活动 1 分析晚清西方文化的冲击在现代文学之发端中
    所起的作用 ································· 012
 活动 2 基本概念的把握 ··························· 014
 活动 3 中国现代文学诸文体之发端 ··············· 014

单元四 文学革命 ····································· 019
 活动 1 文学常识检测 ····························· 019
 活动 2 评价文学革命初期的三次大的论争 ········ 021

单元五 鲁 迅 ·· 023
 活动 1 近一年鲁迅研究综述 ······················ 023

活动2 运用"反讽"相关理论对《狂人日记》进行分析··046
  活动3 鲁迅对文化转型的思考有哪些值得我们今天重新关注？
       ···047

单元六 20年代小说···052
  活动1 以作品《超人》看冰心创作中的"爱的哲学"····052
  活动2 叶绍钧《潘先生在难中》作品分析·············053
  活动3 "20年代乡土小说"读书活动·················054
  活动4 郁达夫《沉沦》作品分析·····················055

单元七 郭沫若···061
  活动1 直观感受作品·····························061
  活动2 设身处地理解作品·························062
  活动3 运用理论分析作品·························063

单元八 20年代诗歌创作·······································071
  活动1 巩固对"抒情性作品"相关理论的掌握·········071
  活动2 了解现代诗歌的发生、发展过程···············072
  活动3 具体诗作的鉴赏、批评·······················072
  活动4 诗歌创作···································073

单元九 格律诗派···077
  活动1 赏析闻一多的《死水》·······················077
  活动2 分析闻一多诗作《死水》中的"绘画美"·······078
  活动3 赏析徐志摩《雪花的快乐》···················079

单元十 成形期的散文···088
  活动1 鉴赏20年代散文精品·······················088
  活动2 教案设计——以朱自清散文《荷塘月色》为例···089
  活动3 论析周作人散文的"闲话体"创作风格·········090

单元十一 30年代文学运动与思潮 …… 093
  活动1 梳理中国现代无产阶级文学的发展历程 …… 093
  活动2 辩论赛：政治与文学之间 …… 094
  活动3 30年代主要的文艺论争 …… 095

单元十二 茅 盾 …… 097
  活动1 通过《子夜》理解茅盾创立的"社会剖析小说" …… 097
  活动2 论文研读 …… 098
  活动3 联系理论论析具体作品 …… 099

单元十三 巴 金 …… 102
  活动1 作品诵读 …… 102
  活动2 论文研读 …… 103
  活动3 联系理论论析具体作品 …… 104

单元十四 老 舍 …… 107
  活动1 论析《骆驼祥子》中祥子的悲剧 …… 107
  活动2 老舍作品的"京味" …… 108
  活动3 影片《骆驼祥子》片段配音比赛 …… 108

单元十五 沈从文 …… 113
  活动1 阅读作品 …… 113
  活动2 研究《边城》的主题 …… 114
  活动3 针对《边城》的研究，拟定选题 …… 115

单元十六 新感觉派 …… 129
  活动1 "现代主义"理论的梳理 …… 129
  活动2 中国20、30年代"都市文学"的梳理 …… 130
  活动3 运用具体理论分析新感觉派作品 …… 130

单元十七　现代派诗 ·· 135
　　活动 1　考察现代新诗的传承和反拨关系 ················ 135
　　活动 2　诵读经典 ·· 136
　　活动 3　分析《雨巷》中的意象"丁香姑娘" ············ 137
　　活动 4　文学创作 ·· 138

单元十八　40年代文学思潮 ···································· 142
　　活动 1　梳理新文学史上"文艺大众化"的相关讨论 ···· 142
　　活动 2　试评胡风"主观战斗精神" ······················ 143

单元十九　赵树理 ·· 145
　　活动 1　梳理新文学中描写乡村题材的代表作家、作品 ·· 145
　　活动 2　《小二黑结婚》中人物形象分析 ················ 146
　　活动 3　联系作品分析赵树理创作的"评书体"现代小说形式
　　　　　　··· 147
　　活动 4　将小说《小二黑结婚》改编为话剧 ············ 148

单元二十　张爱玲 ·· 151
　　活动 1　简要介绍作家生平及创作概况 ·················· 151
　　活动 2　研读《金锁记》撰写论文 ······················· 152

单元二十一　艾　青 ·· 156
　　活动 1　朗读诗作 ·· 156
　　活动 2　分析作品《雪落在中国的土地上》 ············ 157
　　活动 3　梳理新诗发展史 ··································· 158

单元二十二　曹　禺 ·· 172
　　活动 1　熟悉剧本的基本特征 ····························· 172
　　活动 2　表演剧作片段 ····································· 173

        活动 3 《雷雨》是否符合古典戏剧创作的"三一律"观点 ………………………………………………173
        活动 4 讨论周朴园的情感心理 ……………………174
        活动 5 《雷雨》的主题 ……………………………175
附 录 ………………………………………………………179
    附录一 文学课程中理论的应用 …………………179
    附录二 文学史知识自我检测 ……………………219
    附录三 相关学习书目推荐 ………………………232

单元一 绪 论

【单元学习目标】

1. 明确本课程的教学目标。
2. 初步了解和掌握本课程的实践训练方法。

活动 1　组建学习团队

【活动目标】

1. 组建学习团队,明确团队合作的重要性。
2. 建立学习规则,形成课程实训教学的制度保障。

【活动内容】

1. 学生自行查阅资料,明确什么是团队,怎样组建团队,怎样做好团队建设。
2. 根据教学实际,教学班学生组建学习小组(5~6 人一组),按照教学需要确定组长,并在每一次实践活动中确定记录人、报告人、材料收集和保管人等。
3. 学习小组内部讨论并形成科学合理的教学实训规则。

4. 学习委员于开学第二周收集各学习小组拟定的成员分工及教学实训规则。

5. 教师进行审核,并整合成全班需要执行的课程实训规则。

活动2　了解参与式教学

【活动目标】

1. 了解学与教的新方式。
2. 理性评价各种教学方式。

【活动内容】

1. 学生自行在课后查询什么是参与式教学,明确参与式教学的基本概念、特征及要求。

2. 学生总结在日常学习中体现出来的学习特征。回顾自己日常的学习活动,从常用的学习方法、学习准备、教师与自己在学习中的角色、师生关系等方面思考自己日常学习的特征,用简短的语言填写在下面的表格中。

我在日常学习中体现出来的学习特征	
常用的学习方式或方法	
学习的准备	
教师的角色	
学生自己的角色	
师生关系	
常用的学习资源	

3. 比较：感受传统学习和参与式学习的差异。请同学们进行小组讨论，由学习小组共同完成下表，罗列出参与式学习和传统学习方式的不同特征。

参与式学习方式的特征	传统学习方式特征

4. 辨析两种学习方式的优势与不足。请同学们通过小组讨论的形式，由学习小组共同完成下表，辨析参与式学习与传统学习的优缺点。

参与式学习的优势	参与式学习的不足	综合评价
传统学习的优势	传统学习的不足	综合评价

活动 3　明确中国现代文学课程的教学目标

【活动目标】

1. 明确中国现代文学课程的教学目标。
2. 初步体会团队协作的学习方式。

【活动内容】

1. 每位学生课前查阅资料，明确什么是"文学"，思考"中国现代文学"课程的教学目标,思考怎样学习文学课程。

2. 课前各小组自行讨论:学习"中国现代文学"这一课程的预期目标,你想通过本门课程学习到什么?

3. 全班交流:小组发言人向全班汇报小组讨论情况。

4. 教师小结,简要介绍中国现代文学课程,做课前学习引导,使学生明确本门课程需要达到的教学目标、基本的学习方法及教学要求。

单元二 中国现代文学史导论

【单元学习目标】

1. 了解中国现代文学的发生、分期。
2. 培养学生的质疑能力。
3. 初步了解收集、选择、整理、研究文献的方法。

活动1　联系已有的历史知识,讨论中国现代文学发生的根本原因

【活动目标】

1. 考察历史现象及其产生条件之间存在的历史逻辑性,培养学生的史学观。
2. 学习文献调研的方法,明确参考文献的标注方式。

【活动内容】

1. 课前查阅相关历史文献,大致把握中国19世纪末20世纪初的历史;根据当时的历史背景思考中国现代文学发生的根本原因。
2. 课前各学习小组汇总收集的资料,并进行整理、分析。

3. 联系资料和教材，对教师提出的问题进行讨论，并归纳总结，推荐小组代表在课堂上作答。

4. 提交收集的资料：① 资料前标注：班级、小组、姓名、查阅时间、查阅途径；② 可以参考文献著录规则，标注主要参考、引用的文献。

5. 教师指出中国现代文学发生的根本原因。

活动2　中国现代文学的分期

【活动目标】

1. 了解中国文学的变化历程，培养理性的历史观，树立人类认识是变动不居的观念。

2. 培养学生质疑能力，让学生不迷信，不盲从，独立思考，具备理性精神。

3. 学习文献检索方法，掌握参考文献的标注方式。

【活动内容】

1. 阅读曹万生《中国现当代文学史》"导论"第一、二部分，了解中国文学分期的不同观点，并选择其中某一观点，根据教材注释提示，尝试性地检索你所选择的观点的原始文献。

2. 各组组长负责检查作业完成情况，教师抽查学习小组收集的文献资料，了解学生进行文献检索的途径和方法，查看学生对参考文献的标注是否规范。

【拓展思考】

1. 查阅资料，明确什么是"现代性"，"现代性"对中国现代文学构建所具有的积极因素及局限性。

2. 从思想史或文化史观的角度思考中国现代文学与中国古代文学、外国文学的承传及源流关系。

【学习资料】

参考文献在学术论文中的标注方法①

参考文献是对一个信息资源或其中一部分进行准确和详细著录的数据，位于文末或文中的信息源。其著录项目和著录格式遵照《信息与文献 参考文献著录规则》（国家标准 GB/T 7714—2015）的规定执行。

《信息与文献参考文献著录规则》是一项专门供著者和编辑编撰文后参考文献使用的国家标准。本标准规定了各个学科、各种类型信息资源的参考文献著录项目、著录顺序、著录用的符号、著录用文字、各个著录项目的著录方法以及参考文献在正文中的标注方法。科研成果在著录项目的设置、著录格式的确定、参考文献的著录以及参考文献表的组织等方面尽量与国际标准保持一致，以达到共享文献信息资源的目的。

文后参考文献的著录信息源是被著录的文献本身。其中，专著是以单卷本或多卷册（在限定的期限内出齐）形式出自印刷型或非印刷型出版物，包括普通图书、古籍、论文集、学位论文、汇编、标准、报告、多卷书、丛书等，可依据书名页、版本记录页、封面等主要信息源著录各个著录项目；析出文献指从整个信息资源中析出的具有独立篇名的文献，专著、论文集中析出的篇章与报刊上的文章依据参考文献本身著录析出文献的信息，并依

---

① 参考《信息与文献 参考文献著录规则》（国家标准 GB/T 7714—2015），著录格式举例有所改动（以文学类文献为例），引用内容仅针对文科类本科论文写作。

据主要信息源著录析出文献的出处；电子资源是以数字方式将图、文、声、像等信息存储在磁、光、电介质上，通过计算机、网络或相关设备使用的记录有知识内容或艺术内容的信息资源，包括电子公告、电子图书上、电子期刊、数据库。磁、光盘依据标签、附件著录，网络信息依据特定网址中的信息著录。

著录用文字

1. 参考文献原则上要求用信息资源本身的语种著录，必要时可采用双语著录。

2. 著录数字时，须保持文献原有的形式，但卷期号、页码、出版年、版次等用阿拉伯数字表示。外文书的版次用序数词的缩写形式表示。

3. 个人著者，其姓全部著录，而名可以缩写为首字母；如果用首字母无法识别该人名时，则用全名。

4. 出版项中附在出版地之后的省名、州名、国名等以及作为限定语的机关团体名称可按国际公认的方法缩写。

5. 西文期刊刊名的缩写可参照 ISO 4《信息与文献——出版物题名和标题缩写规则》的规定。

6. 著录外文文献时，大写字母的使用要符合文献本身文种的习惯用法。

参考文献基本格式

1. 普通图书

[1] 佘树森. 中国现当代散文研究[M]. 北京：北京大学出版社，1993.

[2] 肖涛，李玲. 中国现当代文学作品选读[M]. 陕西：西北工业大学出版社，2016.

[3] 蓝棣之.《现代诗的情感与形式》[M]. 北京：人民文学出版社,2002.

[4] ROOD H J. Logic and structured design for computer programmers[M]. 3rd ed. [S.1.]: Brooks/Cole Thomson Learning, 2001.

2. 论文集、会议录

[1] 郭沫若纪念馆. 郭沫若与中国文化学术论文集[C]. 天津：中国社会科学出版社, 2013.

[2] ROSENTHALL E M. Proceedings of the Fifth Canadian Mathematical Congress, University of Montreal, 1961[C]. Toronto: University of Toronto Press, 1963.

3. 学位论文

[1] 于波. 延安时期以来抗战题材文学叙事的演变——从革命史观到新历史主义[D]. 山东：山东大学儒学高等研究院, 1998.

[2] CALMS R B. Infrared spectroscopic studies on solid oxygen[D]. Berkeley: Univ. of California, 1965.

4. 专著中析出的文献

[1] 国家标准局信息分类编码研究所. GB/T 2659—1986 世界各国和地区名称代码[S] //全国文献工作标准化技术委员会. 文献工作国家标准汇编：北京：中国标准出版社, 1988: 59-92.

[2] 吴炫. 被学问化和战斗化了的鲁迅[M]//一土. 21 世纪：鲁迅和我们. 北京：人民文学出版社, 2001: 241-245.

[3] BUSECK P R, NORD G L, Jr., VEBLEN D R. Subsolidus phenomena in pyroxenes[M]// PREWITT C T. Pyroxene. Washington, D. C.: Mineralogical Society of America, c1980: 117-211.

5. 期刊中析出的文献

[1] 曹顺庆, 聂韬. 试析"泛神论"对郭沫若墨学态度的影响——从"扬墨"到"非墨"[J]. 北京联合大学学报(人

文社会科学版），2014 (10)：76-84.

[2]　谈蓓芳.由李金发的《弃妇》诗谈古今文学的关联[J].复旦大学学报(社会科学版),2002（1）：11-17.

[3]　HEWITT J A. Technical services in 1983[J]. Library Resource Services, 1984, 28(3)： 205-218.

6. 报纸中析出的文献

[1]　贺绍俊.2017年长篇小说：变化与对策[N].文艺报报，2018-1-3(3).

[2]　皮明勇.甲午战争："文化力"的比拼[N].作家文摘报，2014-8-26(6).

7. 电子资源（包括专著或连续出版物中析出的电子文献）

[1]　江向东.互联网环境下的信息处理与图书管理系统解决方案[J/OL].情报学报，1999,18(2)：4[2000-01-18]. http: www.doc88.com/p-9913950293666.html.

[2]　萧钮.出版业信息化迈入快车道[EB/OL]. (2001-12-19)[2002-04-15]. http: www.creader.com/news/20011219/200112190019.html.

文献类型和标识代码

普通图书：M　　会议录：C　　汇编：G　　报纸：N

期刊：J　　学位论文：D　　报告：R　　标准：S

专利：P　　数据库：DB

电子公告：EB　　计算机程序：CP

电子资源载体和标识代码

磁带 MT　　磁盘 DK　　光盘 CD　　网络 OL

说明

1. 主要责任者即著者、编者、学位论文撰写者、学位申报人、专利申请者或专利权人、报告撰写人、标准提出者、析出文献的著者。多个责任者之间以","分隔。(欧美著者的名可用缩写字母,缩写名后省略缩写点,欧美著者的中译名只著录其姓;同姓不同名的欧美著者,其中译名不仅要著录其姓,还要著录其名的首字母。)主要责任者只列姓名,其后不加"著""编""主编""合编"等责任说明。

2. 只有文献第一次出现时才编写序号,换句话说,一篇文献只能有一个序号,即使该文献被多次引用,也在几个引用处标写同一个序号,并在序号的[ ]外著明引文页码。

3. 标注文献版本时,初版可省略。

4. 参考文献按在正文中出现的先后次序列表于文后。

5. 每一参考文献条目的最后均以"."结束。

6. 私人通讯和未发表著作一般不能作为参考文献引用,如必须要引用时,应标明通讯人或著者的姓名、题(篇)名、地址和年、月、日。

单元三 文学改良

【单元学习目标】

1. 了解"千年中国文学现代化转型"的最初表现,培养学生的文学史观,把握传统文学的两面性:"保守性"和"渐变性"。
2. 让学生明确概念的重要性,并掌握基本概念的方法,形成严谨、科学的治学态度。
3. 锻炼分析、综合、比较、概括的思维能力,培养自学方法。

活动1　分析晚清西方文化的冲击在现代文学之发端中所起的作用

【活动目标】

1. 明确现代文学先导期的意义。
2. 建立系统的文学史观,明确文学史亦是文化史、思想史、政治史。

【活动内容】

1. 参考曹万生《中国现当代文学史》第一章"文学改良"之第一节"传教士、留学生、翻译与中国现代汉语文学之思想渊源"。

2. 列举晚清西方文化传入中国的主要途径。

3. 说明西方文化的传入对中国现代文学的形成所起的作用。

（以提要的形式完成以上第 2、3 题，教师上课抽查学生完成情况。）

【学习资料】

提要和摘记[①]

古人把书分为四类：目治之书，口治之书，心治之书，手治之书。"目治"浏览诵读大略用眼睛看，"口治"诵读，"心治"认真思索，"手治"则是在精读基础上书写。手治，强调边读书边书写，读有所思，笔有所写。阅读文献过程中可采取以下两种读记方法。

（一）提要

阅读文献过程中把读物的内容、要点、基本情况进行归纳缩写。这种方法可以培养分析、综合、比较、概括的能力，还可以写出阅读者自己的感悟、疑问和评价，起到引发记忆，启发思维的作用。

提要的要求：简单明了，言简意赅；提要是经过自己的综合思考之后得出的产物，不经思考大量地摘抄原句，不是提要，一定要做到读有所得，记有所获；培养持之以恒的良好习惯。

（二）摘记

摘记，也叫摘抄，是有选择而又扼要地抄写摘录的一种读书方法。摘记实际上就是抄读。抄读就是边抄边读。前人治学，重视抄读，他们认为抄读的益处不仅在于积累资料，还有提醒注意和强化记忆的效果。摘抄一般是根据自己对读物的理解和需要，把读物中的重要观点、典型事例、精彩句子或段落、名言妙语、谣谚典故和史实等，分类摘抄在笔记本或卡片上。

[①] 摘自朱绍禹《语文课程与教学论》，北京：高等教育出版社，2005 年，第 114 页。选入时有改动。

摘记的分类,从范围分,有全文(多是短篇)抄录、片段摘要、语句摘抄、词语抄写等;从内容分,有精美诗文抄录、优美描写摘要、名言警句摘抄、重要词语抄写;从形式分,有课堂笔记、课后作业、课外读书笔记等。

做摘记的训练应注意:一要养成随手摘抄、工整书写的习惯;二要多读多抄、边摘抄边思考;三是培养持之以恒的良好习惯。

活动2 基本概念的把握

【活动目标】

1. 对本章节基本概念的把握。
2. 提示学生重视基本概念、观点,并掌握明确基本概念的方法,形成严谨、科学的治学态度。

【活动内容】

1. 各组在课后查阅相关资料,明确以下概念及观点:启蒙、新民说、文学工具论。
2. 各组将答案写在稿纸上,并标明参考文献的出处(以规范的格式标注参考文献)。
3. 课堂上两组之间相互交换答案,进行批改、补充。

活动3 中国现代文学诸文体之发端

【活动目标】

1. 了解中国现代文学诸文体之发端。

2. 熟悉诗歌、散文、戏剧等基本体裁的主要特征，为之后各体文学作品的阅读和鉴赏积淀体裁学的基本理论。

3. 加强学科学习的理论意识和体系意识。

【活动内容】

1. 以所用"文学理论"课程的教材为主，查阅相关文献，明确诗歌、小说、散文、戏剧的基本文体特征；教师课堂抽查掌握情况。提示学生有意识地将文学理论课程中所学的理论与文学课程的学习密切联系，培养学科学习的理论意识。

2. 参考曹万生《中国现当代文学史》第二章第一节"'诗界革命'及近代诗歌之语言困境"和第二节"'小说界革命'与现代汉语小说之滥觞"，了解"诗界革命""小说界革命"的基本概况。

3. 安排不同的小组各负责查寻一篇晚清文学改良中的诗歌、小说、散文。

4. 学生在课堂上简要介绍"诗界革命""小说界革命"，并朗诵诗文或解读小说。

【学习资料】

学术研究中材料的收集

学生通过平时的学习大致确定学术研究的范围和方向之后，就需要对其涉及的学科和研究领域做学科史或学术史梳理。充分翔实的材料，是论文撰写的前提保障。

一、收集材料的原则

1. 针对性

在确定研究方向，特别是明确选题后，需要有目的有针对性地收集材料。漫无目的地收集资料不仅浪费时间，而且在资料的整理过程中也会事倍功半,最后还会影响论文的写作。

2. 广泛性

不仅要以各种渠道和方式收集资料,而且相关资料要尽量全面和详尽。一开始搜集的资料可以比较宽泛,只要是与选题相关的材料都不妨收集起来。只有占有充足的资料,才能避免对前人的研究进行无意义的重复论证。参考和使用的资料是否足够,也对论文的撰写也有较大的影响。占有完备的资料且对其较为熟悉,有助于建立研究范式和方法。

3. 有新意

掌握最前沿的研究动态和学术观点;通过田野调查获得第一手资料。

4. 真实性

仔细甄别,尽可能选用第一手材料,对第二手材料也要查明转引出处,仔细核实验对。[①]

二、材料的类别

(1)国内外已有的相关研究成果。

(2)与选题有关的各种材料,特别是利于支撑论点的原始材料。如相关的作家、作品资料,社会历史文化背景,等等。

(3)相应的理论文献能够为论文的写作提供必要的研究范式和方法。

三、材料的收集

(一)资料的收集

1. 资料的收集的途径

(1)文献查阅。

文献资料包括:专著、连续出版物、析出文献、电子资源等,这类资料主要是通过各级图书馆进行纸质文献查阅和通过有关的

---

① 刘志勇:《高校文科学生毕业论文写作指导研究之二——材料的收集与使用》,《井冈山学院学报(哲学社会科学)》,2006年第1期。

网站及网页进行网络资源查找、收集。其中,网络资源可以通过学术搜索引擎搜索与选题相关的学术研究,通过网上的报刊、期刊网站和数据资源库查寻相关资料,通过各教育和学术机构网站查询相关资料。而中国学术会议在线、会道网等能收集到学术动态及会议文献。

(2)实地调查。

实地调查法,是用客观的态度和科学的方法,对某种社会现象,在确定的范围内进行实地考察,并搜集大量资料以统计分析,从而探讨社会现象。实地调查法主要通过观察、访谈、问卷、咨询专家等方法获得相关资料。调查对象应该具有特殊性、代表性,也可以是前人调研过的对象,对前人的调研再做跟踪。调查前必须做好充分准备,尽量查阅与调研对象相关的各类资料,以避免实地调查时花费大量时间对对象做初步的熟悉,也避免重复调查前人已经收集到的资料。制定科学可行的调查计划,拟制调查表格,以保证收集的资料较为系统、全面。实地调查是取得第一手原始资料的重要方法。

2. 资料收集的方法

收集材料可以通过选题涉及的关键词进行搜索,或者按某个专题进行资料的收集。可以根据前人研究成果中的参考文献顺藤摸瓜,找到与选题相关的系列资料;也可以参照学术史提供的文献书目。[①]

(二)资料的整理

1. 辨　析

因为在现代文学的论文写作过程中,学生收集的资料多是间接得来的二手资料,所以我们应首先确定材料是否真实准确,学生应该选择正式发表、具有权威性的资料作为参考文献。学生通

[①] 温儒敏:《中文学科论文写作训练》,北京:北京大学出版社,2003年,第14页。

过分析、比较，如发现论文中有不合情理、自相矛盾的内容，则应当弃用。将内容相似的资料做比较，在比较过程中辨析正误。在确切的材料中又选择典型、新颖的部分备用。

对重要的材料要进行仔细阅读，弄清其中的内容实质。对于前人的学术研究，则要明白其观点、其运用的理论是什么；使用了哪些论证方法，论文是如何建构论证框架，形成论证结构的；针对每一论点的论据有哪些；这些论据是否典型，是否具有代表性；论文的重要结论是什么；内容实质是什么。对其中的精辟论证更要反复咂摸。这样不仅仅能更好地辨析、整理材料，而且可以锻炼自己的逻辑思维能力。

2. 分　类

在整理资料过程中，要注意随时做摘录、笔记（标明资料出处、主要内容、主要观点、典型论据等，包括自己的思考、看法）。可以根据资料的收集情况和自己的研究实际，可按不同的标准，将资料分项归类，如按资料的属性分为事实材料、理论材料；按资料的外部形态，分为定性资料和定量资料；按资料的来源，可分为直接资料和间接资料等。另外，收集和经过初步整理的材料也可以根据不同的主题进行分类。

资料整理的过程中，往往会引出新的资料，你的观点也会逐渐明确（有时还会产生新观点，甚至可能会颠覆初期的看法），可以大致形成论证框架。

单元四 文学革命

【单元学习目标】

1. 学生于知识点层面掌握文学革命发生发展的概况。
2. 培养学生理性客观的学习态度,培养学生的思辨能力,使其能够客观理性地评价文学现象,辩证地看待问题。

活动1 文学常识检测

【活动目标】

1. 学生于知识点层面掌握文学革命发生发展的概况。
2. 教师从文学史层面讲解,使学生对新文学传统形成具体的印象。
3. 锻炼学生的自学能力,使学生了解文学史的学习方法。

【活动内容】

一、测试题

(一)填空

1. _____年9月,_____主编的《青年杂志》在_____(地点)创刊,从第二卷起改名为_____,后迁址_____,标志着"五四"新文化运动的起点。

2. 新文化运动在开始时是一场_____运动，高举"_____"与"_____"两面旗帜，反对_____，提倡_____；反对_____，提倡_____。

3. 1917年1月胡适发表了_____，提出了_____；2月，陈独秀发表了_____，提出了_____，标志着"文学革命"的开始。

4. "五四"时期，文学革命提倡_____，反对旧文学；提倡_____，反对文言文。带来文学观念、内容、形式全方位的大革新，大解放。

5. 周作人的理论文章《人的文学》从_____出发，宣扬_____思想，赞美提倡"_____"的"人类正当生活"，在文学上，表达了对"_____"的否定和对"_____"的肯定。

6. 周作人的《平民文学》（1919年1月）提出"_____"的"平民文学"，应以"_____"；提出"_____"；并指出"_____"的创作准则。

7. 文学革命先驱与反对派三次针锋相对的论争：① 与林纾的论争，② 与_____的论争，③ 与_____的论争。

（二）名词解释

五四新文化运动　　文学革命　　《新青年》　　人道主义
《人的文学》　　文研会　　创造社　　新月社

（三）简答题

1. 述评文学革命的三次大的论争。
2. 述评五四时期对西方文艺思想的引入。
3. 说明五四新文化运动的意义。

（四）辨析题（本题可事先交由学生思考、准备）

林毓生在《中国意识的危机》一书中批评"五四时期激烈的反传统主义"。陈独秀、胡适等五四先锋分子认为"必须在全盘否定中国传统的前提下首先进行思想革命"。你赞同哪一观点？并说明理由。

二、学生互相评阅试卷

1. 由于以上试题全部为陈述性知识，学生可以自行评阅批改，请同学们参考教材评卷。

2. 学生两两交换试卷进行评阅批改。

三、课堂提问（了解学生的自学情况）

1. 本章节教学的主要内容是什么？

2. 本章节教学内容的重点是什么？

3. 本章节教学内容的难点是什么？

四、教师从文学史层面讲解，启发学生对新文学传统形成具体的印象，并讲授文学史的学习方法。

活动 2　评价文学革命初期的三次大的论争

【活动目标】

1. 培养学生理性客观的学习态度，培养学生思辨的能力，辩证地看待、评价文学现象，使其能够客观理性地评价文学现象，辩证地看待问题。

2. 学生巩固所掌握的文献检索方法。

【活动内容】

1. 文学革命初期，文言和白话之争是革命的关键，列举论争双方的代表人物及其主要观点。

2. 分两大学习组分别负责以下两项任务：① 查寻胡适的相关资料，课堂简要介绍胡适，并阐述其在文白之争中的观点及行动；

② 查寻林纾或梅光迪的相关资料，课堂简介其中一人，并阐述其在文白之争中的观点及行动。

3. 请你对文学革命初期的三次大的论争做出评价。

【拓展思考】

1. 研讨五四文学革命对传统文化的突围与重构。
2. 阅读相关文献，从"进化文学史观"分析五四文学革命产生的原因。
3. 阅读相关文献，从语言学的角度，讨论诗界革命的语言变革策略。
4. 根据教材和相关文献梳理"五四"时期形成的纯文学社团。
5. 联系具体的作品论析文学研究协会小说创作的现实主义倾向。
6. 分析五四时期人本主义文学思潮对人生派文学的影响。
7. 根据教材梳理现代评论派的自由主义文艺思想。
8. 根据教材和相关文献阐释20世纪初中国现代作家群落现象。

单元五 鲁 迅

【单元学习目标】

1. 通过具体作品，把握鲁迅崇高的思想史、文学史价值；理解鲁迅深刻的思想及其体现的情感心理；理解其艺术创作的活力。
2. 初步了解运用相关理论进行作品分析的方法，避免过分注重感性而有意无意地弃绝理性这一现象，既在作品精读中培养感悟、审美能力，又在作品分析中锻炼理性思辨能力。

活动1 近一年鲁迅研究综述

【活动目标】

1. 把握国内外学术界近期鲁迅研究状况。
2. 培养检索信息的能力，提升分析整理、归纳综合资料的能力。

【活动内容】

1. 教授学生通过网络（特别是通过学术搜索引擎搜索与选题有关的网站及网页）获取资源的方法。
2. 小组成员分别查阅近一年国内外研究鲁迅的相关文章。

3. 小组进行资料汇集和整理,并分析"近一年国内外鲁迅研究动态"。

4. 教师于课堂上抽查学习小组,了解任务完成情况。

【论文研读】

鲁迅改造国民性思想研究综述[①]

俞祖华[1],王静静[2]

(1. 鲁东大学历史文化学院,山东烟台 264039;2. 烟台第一中学,山东烟台 264000)

摘要:改造国民性思想是鲁迅整个思想体系的关键性内容,也是其文学创作的基本出发点。学术界对鲁迅国民性思想的由来、分期、评价、现实意义以及鲁迅所塑造的中国国民性的典型形象等各个方面做了大量研究,取得了丰硕的成果,对这些成果加以概括和总结,对推进鲁迅思想的研究将大有必要。

关键词:鲁迅;国民性;成果

五千年的历史与文明塑造了中华民族的整体性格特征。毋庸讳言,我们民族有自己的长处,但也有它的某些弱点——"劣根性",这种"劣根性"从思想深处影响着我们民族的进步和发展。因此,改造国民性这一伴随着近代国家观念的确立而出现的新命题,就成为近代以来许多仁人志士、思想先驱们所思索的问题。其中鲁迅以他犀利的文字,30余年矢志不渝,全面且深刻地剖析了中国国民的性格弱点,震颤了国人的灵魂,成为中国近代改造国民性的集大成者。因此,长期以来,学术界对鲁迅的改造国民性思想一直相当重视,而且大量的成果也集中于此。已出版的著作、论文集有鲍晶编《鲁迅国民性思想讨论集》(天津人民出版

---

① 发表于《鲁东大学学报》(哲学社会科学版),2010年第6期。

社，1982年版）、郑欣淼著《文化批判与国民性改造》（陕西人民出版社1988年版）、张梦阳著《悟性与奴性——鲁迅与中国知识分子的"国民性"》（河南人民出版社1997年版）、刘再复和林岗著《传统与中国人》（安徽文艺出版社1999年版）、谭德晶著《鲁迅小说与国民性问题探索》（中国社会科学出版社2005年版）、闫玉刚著《改造国民性——走近鲁迅》（中国社会出版社2005年版）等，发表的论文有近百篇。这里，围绕鲁迅国民性思想研究中的一些问题对学术界的观点做些介绍。

一、关于"国民性"概念的界定问题

"国民性"一词是西方的舶来品，最初由梁启超等从日本引入中国，这一点几乎是学术界的共识。但是在对于鲁迅笔下国民性的概念内涵应如何确定，国民性是否等同于民族性、是否具有阶级性等问题上，至今看法仍不一致。

一种观点认为"国民性"等同于"民族性"，是个超阶级的概念。陈鸣树在《关于鲁迅论国民性的几个问题》中就指出："国民性就是民族性，它是一个大于阶级性的概念。"[1]李国涛撰文曾对王敬文的观点（下文）提出了异议，通过分析鲁迅前期和后期作品中的话语，他认为在鲁迅的"国民""国民性"的概念里"阶级内容并不总是很清晰……'国民'即指全国人，'国民'即指民族性"。[2]而郑欣淼在他的《文化批评与国民性改造》著作中则对"国民性"一词做了如下定义："它是指一个民族由于生活在同一地区，在长期历史发展中所形成的区别于其他民族的表现在共同文化上的共同心理素质、思维方式、价值尺度、道德规范等，也就是通常所说的民族性格、民族意识、民族风格等。""鲁迅在开始研究国民性问题时，就把国民性同民族根性、根性、国民天性、国民性格、自国特色等同样对待。"[3]4林非在他的《鲁迅对"国民性"问题的理论探讨》中也指出"国民性"大体上等于"民族性"。[4]持类似观点的还有李存煜等。[5]

另一种观点则认为"国民性"并不完全等同于"民族性"，而是有一定的阶级内容。王敬文主张将"国民""国民性"放到当时的历史环境中加以分析,认为"国民"一词的阶级内容是明确的,即指"除封建统治阶级等阶级敌人以外的人民大众,而并非指全国所有的人",与此相适应,"国民性""指的是人民大众的一种精神状态或心理状态,并非指的是什么抽象的人性"。他认为将"国民"与"百姓""人民"并提,将"国民性"解释为"民族性",就会遇到一系列棘手的问题。[7]黄川也不同意"国民性和民族性是同一概念"这种提法。他认为"国民指的是一国的全国国民,不是单指某一民族或一国的主体民族"。国民性的外延大于民族性,而内涵较少。他还指出不能简单地把国民性说成是超阶级的观点。"国民性的现象存在于各阶级和阶层之中,我们可以也必须用阶级分析的方法,研究这些国民性的由来,或指出其在不同阶级身上所体现的不同的阶级实质和特征。"[8]秦文平、贾晓霞也认为这两个概念并不完全等同,"民族性及其表现形式相对稳定,而国民性则具有特定的时代内容,随国情的变化而发展"。[9]

此外,钟本康在《改造国民性是鲁迅的真知灼见》中则持第三种观点:"鲁迅的改造国民性既不是一个超阶级的概念,也不是一个阶级的概念,而是一个有阶级内容的民族性的概念。"[10]

二、关于鲁迅改造国民性思想的渊源问题

1. 外来思想文化的影响源于西方的思想文化

冯骥才在《鲁迅的功与"过"》一文中认为,鲁迅的"国民性批判源自1840年以来西方传教士那里……来源于西方人的东方观……没有看到西方人的国民性分析里所埋伏着的西方霸权的话语。……由于他对封建文化的残忍与顽固痛之太切,便恨不得将一切传统文化打翻在地,故而他对传统文化的批判往往不分青红皂白……他那些非常出色的小说,却不自觉地把国民性话语中所包藏的西方中心主义严严实实地掩盖了"。[11]刘禾在她的论文集中指出,国民性的概念曾在19世纪的欧洲种族主义国家理论中一度盛行,其"理论的特点是,它把种族和民族国家的范畴作为理解人类差异的首要准则,以帮助欧洲建立其种族和文化优势,为西方征服东方提供了进化论的理论依据"。[12]76而鲁迅的国民性理论来源即是亚瑟·斯密斯的《中国人的气质》(Arthur H. Smith, Chinese Characteristics)——传教士话语,"在他的影响下,将近一世纪的中国知识分子都对国民性问题有一种集体情结。他们定义、寻找、批评和改造中国国民性,却往往不考量此话语本身得以存在的历史前提"。[11]80可以看出,两者对鲁迅的质疑有类似之处:鲁迅的国民性思想来自西方传教士话语——西方中心主义立场对中国的歪曲。这种观点引起了学术界的激烈争论。

2000年7月的《鲁迅研究月刊》中载有若干与冯骥才先生争论的文章①。此外,陈漱渝在《由〈收获〉风波引发的思考》中认为鲁迅改造国民性思想的形成过程中,虽然受到美国传教士斯密斯《中国人气质》一书的影响,"然而,鲁迅改造国民性思想的形成,有着更为深广的中外文化渊源,有着特定的历史背景和时代氛围"。[13]竹潜民在《评冯骥才的〈鲁迅的功和"过"〉》中肯定了冯文中关于论鲁迅的国民性思想源自西方传教士且受到了斯密斯《中国人的气质》一书的影响,但同时又指出冯文对西方传教士的评价有失偏颇。他还指出,"正因为西方人是外人,他们善于运用'比较文化'的思维,容易'敏锐地发现中国文化的某些特征';另一方面,他们受中国文化的影响少,'对中国文化所知有限',故比较容易'看到中国的社会与文化的症结',而这正是伟人的启蒙主义者鲁迅所最需要的"。[14]汪卫东、张鑫在《国民性:作为被"拿来"的历史性观念——答竹潜民先生兼与刘禾女士商榷》一文中认为,刘禾女士"为了自身理论的有效性而简化或曲解了作为历史性概念和个人性概念的鲁迅'国民性'思想的复杂性和具体性,因而其质疑并不符合鲁迅的思想实际"。"她看到的只是国民性话语背后西方中心论的话语霸权,却并未顾及国民性话语作为历史范畴,曾是19、20世纪弱小民族反抗压迫、争取独立和自由的民族国家理论的重要内涵及其历史作用。"[15]王学钧则在《刘禾"国民性神话"论的指谓错置》中指出：刘禾对国民性的论述"至少存在着一个根本性错误，即'国民性神话'的指谓错置。它直接将西方殖民主义'建构'的'国民性神话'指称为中国新文化的国民性话语，这就好比先给中国近代思想贴上西方殖民主义'想象'的画像，然后予以揭发，这就是中国近代思想自己的'集体想象'"。[16]杨曾宪认为刘禾笔下涉及两个国民性"话语"概念，"一个是从属于种族主义国家理论的国民性话语，一个是一般的国民性话语或国民性概念。前者是殖民主义的霸权话语，是一种有特定价值内涵的话语系统，而一般的国民性话语系统或概念与种族主义理论并没有必然关联，而只是一种对事实进行概括的描述性话语。刘禾的批判，却完全将这两种话语系统混淆了"。[17]对冯骥才、刘禾等有关鲁迅的国民性批判复述了西方传教士话语的说法提出质疑的论文还有王明科的《鲁迅：国民性源于传教士？》(《甘肃社会科学》2002年第6期)、杨联芬的《晚清与五四文学的国民性焦虑——鲁迅国民性话语的矛盾与超越》(《鲁迅研究月刊》2003年第12期)、苏志宏的《国民性理论的形象学反思——从明恩溥到鲁迅》(《四川大学学报》2003年第3期)等文。除了上述争论与观点以外，沈文华指出，鲁迅早在1908年的《摩罗诗力说》一文发表之前，就开始了对国民性的思考。他以鲁迅早期的几篇作品和译著为例，认为"当时最新的现代科学成就——达尔文的进化论，施革登、施照的细胞学说，康德关于太阳系起源的星云假说，以及海克尔的人类种族的起源和系统论都对鲁迅的世界观和人生观发生过重大的影响。……在社会科学方面，法国启蒙运动思潮和叔本华、尼采、柏格森、弗洛伊德等的非理性主义也深深地影响了鲁迅，它们成为鲁迅早期改造国民性思想的重要来源"。[18]范伯群、倪友葵、陈继会等撰文探讨了斯密斯、尼采、易卜生等西方思想家对鲁迅国民性思想形成的影响。[19~21]

受到日本讨论国民性问题热潮的影响。国内学者汪卫东认为，

"作为中国近代民族主义重要部分的鲁迅国民性思想正式形成于日本,其经由日本对德国传统的承续,当在情理之中"。[22]潘世圣认为,近代日本是一个极其热衷议论国民性问题的民族,他以大量的资料显示了鲁迅与当年为数众多的留学生处在明治日本的思想文化空间中,感受到共同的时代氛围,共同面临着祖国日益衰颓的危机,因而非常自然地探讨如何使祖国富强的课题。"鲁迅的思想很大程度上反映着他的时代、他的周边世界的精神倾向。"[23]日本学者北冈正子的《鲁迅改造国民性思想的由来》一文,提及当时日本弘文学院院长加纳治五郎给毕业生讲话而引起的国民性讨论,并以这些翔实的材料为依据,认为存在着"鲁迅和许寿裳的讨论受杨度和加纳讨论诱发的可能性"。[24]

2. 受到中国传统文化、近代国情与启蒙思潮的影响

学术界对鲁迅的改造国民性思想与中国传统文化之间存在的联系问题不断有新的发现与研究。与此相关的学术专著有金宏达的《鲁迅文化思想探索》(北京师范大学出版社1986年版)、林非的《鲁迅和中国文化》(学苑出版社2000年版)、黄健的《反省与选择——鲁迅文化观的多维透视》(陕西人民教育出版社1996年版)、郑欣淼的《鲁迅与宗教文化》(陕西人民教育出版社1996年版)。有关的论文如周绍曾的《鲁迅对庄子的批判与"国民性"问题》,文章从鲁迅对传统意识形态特别是庄子及其影响的批判这个角度,对国民性问题进行分析。[25]郑春撰文指出:"儒家文化(以及整个中国传统文化)对大多数中国知识分子来说,其影响和制约无疑是巨大的。无论是文化的启蒙教育还是一种社会心理与行为规范的无意识宣传,传统文化都最早进入他们的思想意识,并在他们内心深处占据了最基础的层面。鲁迅当然也不例外,而且大家族的出身以及作为周家的长房长孙,他接受了比一般人更为严格的传统文化教育与管束。这一切,促成了鲁迅与他'熟识的阶级'在思想文化方面根深蒂固的联系。"因此,鲁迅与传统文化之间"决非一个'反'字所能包容和概括的"。[26]邓程认为,"鲁

迅对中国国民性的批判不是即兴式的抨击,也不是失去理智的漫骂,而是在对比中西文化的优长缺失之后,对中国文化的一种深思熟虑的判断"。[27]张永泉的《思想批判与心理承传——鲁迅与孔子》(《孔子研究》2004年第6期),刘保昌的《道家思想与鲁迅的国民性关切》(《求是学刊》2005年第4期)、《国民性怀疑与否定精神——鲁迅与道家文化片论》(《宁夏社会科学》2005年第3期)等文也探讨了鲁迅国民性思想与传统文化尤其是儒道的关系。

另有一些学者认为鲁迅的改造国民性思想与中国近代的国情与启蒙思潮有关。钱理群在"鲁迅改造国民性思想研讨会"上的发言指出,鲁迅"这一思想的提出,是他从中国现实的真问题出发的,决不是某种外来思潮的移植"。[28]俞祖华在专著《深沉的民族反省》中指出,鲁迅改造国民性思想的动因有三方面:"一是受到19世纪末20世纪初中国黑暗的社会现实的刺激,促使鲁迅关注国民性问题;二是对国民冷漠的体验,使他要以呐喊惊起在铁屋子里昏睡的国民;三是受到了严复、梁启超、章太炎等近代启蒙思潮的影响。"他又指出:"鲁迅在前辈思想家'开明智''新民德'的思想基础上提出'立人'与改造国民性,使近代中国的启蒙发展到了一个新阶段"。[29]238谭德晶则在《鲁迅小说与国民性问题探索》一书中,通过论述鲁迅的早期思想与道路,得出"鲁迅一生对于国民性问题的探索、批评,就是从他早期思想里发端并汩汩开始流淌的,而当时整个的社会思潮,尤其是梁、严、章三人,是他这条大河发源的三座森林茂密的大山"。[30]27羽白在文中,从三个方面论述了鲁迅"国民性"思想的产生"乃是受孕于维新派,特别是其中的梁启超。他们对鲁迅早年'国民性'思想的产生起了决定的作用"。[31]对于此问题持有类似观点的还有王明科的《鲁迅:国民性批判源于传教士?》(《甘肃社会科学》2002年第6期)、于影的《20世纪初"新民"思想的倡导与超越——梁启超与青年鲁迅改造"国民性"思想之比较》(《广州大学学报》2003年第11期)、李春梅的《试论梁启超对鲁迅国民性思想形成的影响》(《内蒙古大学学报》2005 年第 2 期)、刘玉凯的《鲁迅国民性批判思想的由来及意义——兼评冯骥才先生的鲁迅论》(《鲁迅研究月刊》,2005 年第 1 期)等文。

3. 与鲁迅少年时代的经历有密切关系

近几年有学者从鲁迅的个性、性格气质、生活经历等方面探求其改造国民性思想形成的因素。如王学谦在《精神创伤的升华——鲁迅"改造国民性"思想形成的心理因素》中认为,探求鲁迅改造国民性思想形成的因素应"深入到鲁迅作为一个独异的生命个体的心灵体验深处",把鲁迅的这种"思想立场与他'这个人'的全部联系起来"。作者认为,鲁迅在经历了童年时代的家庭变故这一人生里程中的重大事件之后,在内心深处形成了一种难以解开的心理情结,即"示众/吃人"情结。这一心理情结影响了鲁迅人生道路的选择,并促成了鲁迅的改造国民性思想。[32]

4. 内、外等多种因素共同促成的结果

郑欣淼指出,探索鲁迅改造国民性思想时应该坚持联系的观点,他认为"在 20 世纪初的中国,曾经广泛流行的改造国民性思想,并不是鲁迅首先提出来的,也不是他个人所仅有的特色,而是一个伟大的历史性命题,是先进的中国思想界所普遍关注的大问题"。"严复、梁启超、章太炎等都曾大力鼓吹过它,而且他们的一些言论,就是今天读起来,也是不无启发的,这当然对鲁迅发生过直接影响;达尔文的生物进化论,拜伦对民众的'哀其不幸'又'怒其不争',尼采的'超人'哲学,以及法国启蒙运动思潮等,对鲁迅改造国民性思想的形成都具有不容忽视的作用。"[3]18 程致中认为,鲁迅国民性思想的形成是由多方面因素构成的。"首先,中国近代屈辱的历史、民族危机的日益加深,促使许多有识之士,从不同层面反思中国的民族特性,中国人的现实命运,中国传统文化的弊端。其中梁启超探讨改造国民性的《新民说》给了鲁迅很重要的影响。其次,鲁迅在日本学习期间,国外研究中国国民性的著作……也对鲁迅的国民性批判产生了深刻而持久的影响。再次，鲁迅对于中国传统文化的痛彻反省和刻骨铭心的生命体验是鲁迅坚持实行国民性批判的一个重要内因。"[33]王志蔚则从四个方面探讨鲁迅改造国民性思想的来源。"一是源于刻骨铭心的人生体验和对中国传统文化的痛切反省；二是源与中国近代启蒙思想家改造国民性思想的深刻启迪；三是受到国外研究中国国民性著作的深刻影响；四是受到日本国民性讨论热潮的深刻启发。"[34]

三、关于鲁迅改造国民性思想的分期问题

1. 两阶段说

以鲁迅成为马克思主义者之前和之后而分成前期和后期。王瑶先生在纪念鲁迅诞生100周年时发表的专文《谈鲁迅的改造国民性思想》中认为："所谓改造国民性，包括两方面的内容，一方面是揭露和批判国民性的弱点，一方面是肯定和发扬国民性的某些优点，虽然他对国民性问题认识的深度和侧重点前后期有所不同，但这两个方面的内容无论前期或后期都是存在的。"[35]

2. 三阶段说

鲍霁将鲁迅的这一思想发展分为三个时期："早期（1920年前后）、前期（特别是五四运动前后到1925年）和后期。"早期探讨的是"心灵的启蒙和个性的解放"。前期"一方面把改造国民性的任务，同他所执行的反帝反封建的思想革命有机地结合起来。另一方面逐渐扬弃了他早期那种崇尚天才，轻视物质文明的偏颇"。后期"在立场、方法、观点上与前两个时期有根本不同，并有了重大发展"。[36]张永泉强调，鲁迅的思想曾发生过两次重要转折，"第一次是1917年，由早年对传统文化的眷恋乃至维护转向激烈的批判，这是文化思想的转折。第二次是大革命失败后，由五四时期主张用'思想革命'来进行社会改造转向主张通过无产阶级革命来实现'无产阶级社会'的理想，这是政治思想的转折。所以，鲁迅的思想实际上应分为早期、五四时期和后期三个阶段"。[37]郭国祥则认为：1902年至'五四'新文化运动前夕，是鲁迅国民性改造思想的早期，是以资产阶级民主主义思想为指导，表现为"立人"的个性解放思想；1918—1927年是鲁迅国民性改造思想的转折期（中期），是以批判现实主义为指导，注重对国民劣根性及其产生原因的"文明批评"和"社会批评"；1927年春以后的上海十年，是鲁迅国民性改造思想的后期，以马克思主义思想为指导，用阶级分析的方法系统阐述了国民劣根性的深层根源和"民族魂"的铸造。[38]

3. 四阶段说

陈早春在《对鲁迅的改造"国民性"思想的初步探讨》一文中，将鲁迅改造国民性思想分为四个阶段：第一阶段，即鲁迅留学日本时期。主要探讨"怎样才是最理想的人性"。这时的鲁迅是个民族民主主义者。第二阶段，即"五四"时期。主要探索的是国民性的"病根何在"的问题。此时的鲁迅是个激进民主主义者。第三阶段，即从"五四"退潮至第一次国内革命战争失败前夕。其思想已属于新民主主义思想的范畴。第四阶段，即鲁迅思想发展的后期。这时，他已经成为马克思主义者，已能以更为明确的语言对"国民性"问题提出历史唯物主义的、阶级论的分析。[39]
郑欣淼认为"鲁迅改造国民性思想经历了长期变迁、发展的过程，逐渐克服了其中的弱点和不足，最后建立到科学世界观的基础之上。这一过程可分为四个阶段：第一阶段，从留学日本到五四新文化运动前夕，是他改造国民性思想的滥觞期。第二阶段，五四新文化运动到第一次国内革命战争前夕。这一阶段进行的是攻击封建传统的思想革命，通过广泛的'文明批评'，扫荡旧的意识形态，打碎反动统治的精神枷锁，疗救病态的国民性。第三阶段，第一次国内革命战争时期。鲁迅经过短暂的彷徨和思想上的矛盾斗争，正确地解决了改造国民性与改造社会思想革命的关系，把改造国民性思想建立在了唯物史观的基础上。第四阶段，第二次国内革命战争时期，即上海十年。作为一个成熟的马克思主义者，鲁迅建立在唯物史观之上的改造国民性思想，更加成熟，更臻完善，视野也更加开阔"。[3]50 持类似观点的还有沈文华和李文珊，分别在他们的《试论鲁迅的改造国民性思想》[18]和《鲁迅国民性改造思想初探》[40]中，他们也将鲁迅的改造国民性思想分成了四个阶段：1902年至"五四"前夕，受"进化论"思想的影响，呼唤"精神界之战士"。这时期带有浓厚的思想启蒙色彩；"五四"前夕至1923年前后，进行"文明批评"与"社会批评"，目的是"撕去旧社会的假面"；1923年至1927年，继续批评，向纵深发展；1928年至1936年，运用唯物史观，指出"封建社会的农业经济与外民族的侵略是形成'国民劣根性'的历史的社会的根源"。探讨鲁迅早年的"立人"思想的论文有汪言的《百年树人：鲁迅"立人观"之世纪末回顾》(《安庆师范学院学报》2000年第1期)、郭晴云的《"尊个性而张精神"——重提鲁迅先生的"立人思想"》(《昌潍师专学报》2000年第4期)、陈剑峰的《略论鲁迅的"立人"观》(《广西商业高等专科学校学报》2001年第1期)、刘桂萍的《浅谈鲁迅的"立人"思想》(《宁波职业技术学院学报》2001年第3期)、潘世圣的《关于鲁迅的早期论文及改造国民性思想》(《鲁迅研究月刊》2002年第9期)、孙亚敏等的《论鲁迅早期的"立人"思想》(《重庆师范大学学报》2004年第2期)等；探讨五四时期鲁迅的改造国民性思想的论文有《从〈呐喊〉〈彷徨〉看鲁迅的"改革国民性思想"》(《安徽农业大学学报》1994年第1期)、朱桂林的《从〈狂人日记〉看鲁迅的"立人思想"》(《岱宗学刊》2003年第3期)等文；探讨鲁迅后期的改造国民性思想的论文有李振坤的《试论鲁迅后期关于国民性的探讨》(《新建师范大学学报》1996年第4期)、王书声的《鲁迅后期对国民性的批判》(《中共福建省委党校学报》2001年第4期)等文。

四、关于鲁迅改造国民性思想前后是否一贯的问题

与鲁迅国民性思想的分期有关，是其改造国民性思想是否一以贯之的问题。对此，学术界大致有两种意见：一种意见认为不能或者过于笼统地说鲁迅的改造国民性思想前后期是一贯的。如

韩罕明认为,当鲁迅"在战斗中建立了共产主义世界观……不再像先前那样突出地谈论国民性改造的问题了。……国民性这个字眼,也渐渐地从他笔下隐没了"。[41]赵明认为,不能说鲁迅的改革国民性思想前后期是一贯的。虽然他前期所揭露的国民性弱点的某些方面到后期仍继续进行针砭,但对此已不能用"改革国民性"的字眼来表达。因为,这中间有着本质的不同。这并没有否认鲁迅后期思想对前期思想的继承性和前后期思想中的某些一贯性。而是强调"一贯"中的"不一贯"。[42]

另一种意见认为,改造国民性思想是鲁迅一以贯之的思想。黄川通过分析鲁迅各个时期的文章得出结论:"鲁迅关于国民性的研究,不是一年半载,而是从20世纪初到30年代;他对国民性弱点的批判,不仅表现在前期,而且也表现在后期,鲁迅是把对国民性弱点的批判,作为自己终身的战斗任务的。"[8]王瑶认为,鲁迅的国民性思想"是一贯的,只是认识的深度和侧重点前后有所不同而已"。[35]鲍霁认为,"为改造国民性而斗争,贯穿了鲁迅的一生,具有历史的一贯性和连续性,并非像某些论者所说的,因为接受共产主义世界观而中辍或抛弃"。后期"主要是抨击帝国主义和国民党的反动统治,批判帝国主义、封建主义和官僚资本主义的意识形态"。[36]王福湘肯定了王瑶先生的观点,并进一步分析"鲁迅在竭力攻打国民性弱点和病根的同时又常常以希望给人鼓舞,这也是一贯的,不过后期比较具体,前期显得抽象"。"鲁迅对中外国民性的比较,重点是中日比较,在一贯中且有发展。"[43]李振坤指出,"在过去论述鲁迅关于中国国民性思想的文章中,往往偏重于他的前期,对于后期则语焉不详。其实,后期的鲁迅对中国国民性的探索从未间断过,而且较之前期有了进一步的深入的发展"。[44]

五、关于鲁迅对国民性种种弱点的解剖

对此问题的概括几乎是因人而异的,在笔者所见到的专著和文章中,概括比较完备的是俞祖华和王书声。俞祖华在其专著中共归纳了十一条：① 主奴根性；② 自我满足；③ 冷漠旁观；④ 讲究面子；⑤ 保守崇古；⑥ 中庸巧滑；⑦ 反对"独异"；⑧ 求全责备；⑨"二重思想"；⑩ 盲目排外；⑪"瞒和骗"。[27]240 王书声在《鲁迅后期对国民性的批评》中，着重分析了鲁迅后期对国民性弱点的批判，集中表现为：思维习惯上的好古、盲从、封闭偏向；处事态度或办事不认真，马马虎虎；封建迷信思想严重；自私、冷漠；思想保守，不愿改革；易于做奴隶；非中庸，爱斗争；自大，自欺欺人；小市民习气和市侩作风较严重；做事慢，不讲求效率；健忘。[45]

其他相关研究的论述中也多有总结。例如，伊智在《试论鲁迅对"国民性"问题的研究》认为鲁迅所揭露的国民性的弱点一是缺乏诚与爱，二是妄自尊大，因循守旧。[46]易竹贤在《关于国民性问题的探讨》中概括出六个方面，即瞒和骗、做戏、"看客"式的无聊、卑怯与势力、自私而不惜破毁公物、自我安慰。[47]牛晓东在《论鲁迅的改造国民性思想》中归纳为三个主要方面，即奴性、精神胜利法、看客心态。[48]刘俐莉在《永远的鲁迅》中总结出八个方面：欺软怕硬，奴性十足；盲目自大，排斥外物；墨守成规，敌视变革；死要面子，自欺欺人；麻木冷漠，自私自利；中庸折中，二重人格；疲沓懒散，得过且过；怯弱圆滑，逆来顺受。[49]

在鲁迅批判的各种国民性弱点中，奴隶根性或主奴根性被其视为是根柢，是最基本的病态性格。刘再复的《传统与中国人》、李铁秀的《鲁迅论主—奴根性》等论著即从鲁迅对奴隶根性的批判入手，梳理和阐释其国民性批判话语系统。另外，汪卫东在《鲁迅国民性批判的内在逻辑系统》和《国民性再思》中认为，中国国民劣根性的种种表现源于"私欲中心"这个"原点"。[22][50]竹潜民在《中国国民性"密码"和"原点"探秘》和《让鲁迅回归民间》中，对汪卫东的"私欲中心"提出了不同意见，认为"鲁迅对国民劣根性批判的'密码'和'原点'应该是'自欺欺人'，这与鲁迅的本意是十分吻合的"。[51][52]尽管鲁迅本人从来没有这样系统地总结过，但以上这些内容都是可以与鲁迅的论述比照参考的。

六、关于鲁迅对国民性病源的探析

冯天瑜在《"国民性"的一面秋毫毕现的镜子》中认为鲁迅所揭示的国民性弱点的原因一是由于中国经历了漫长的封建社会，造成社会生活的闭塞、钝滞、狭隘；二是由于资本主义列强的入侵，造成的失败主义情绪，以及奴才与暴君、自卑与自大相混合的病态心理，形成了中国统治者的共同精神状态，而这种状态同样在劳动人民身上表现出来。[53]陈鸣树在文章中提道："鲁迅认为中国国民性弱点形成的第一个原因是中国是农业社会。"这种单一的农业经济和落后的经营方式不能不反映到民族心理上，"成为一种节奏缓慢、不珍惜时间、狭隘保守的民族精神状态"。"第二个原因是在政治方面，即'历受游牧民族之害'。他们的统治方式曾给人们心理上蒙上了阴影。"[1]黄川将其总结为四点：① 被统治的广大人民群众，他们的思想受压迫和剥削他们的统治阶级的思想支配。② 宗教迷信被统治阶级用来统治人民，而人民中又普遍信神的时候，人们被愚弄，也同时愚弄别人。③ 由于反外来侵略的失败结合农民多次起义的失败所产生的失败主义情绪，也是产生阿Q精神的原因。④ 国民性弱点产生的最主要的根源，是私有制的出现和私有观念的普遍存在，是人性异化的现象之一。[8]王瑶在他的文章中把鲁迅在杂文中多处讲到的国民性弱点产生的原因概括为三点："首先是封建等级制度；其次是封建传统思想的毒害；最后是屡受外来侵略。"[35]俞祖华在文章中也指出鲁迅"主要是从社会文化的角度剖析国民性病弱的根源。鲁迅在早年与许寿裳探讨这一问题时，认为'两次奴于异族'是'最大最深的病根'。……鲁迅更着重剖析了封建文化对国人的熏陶，认为是封建文化造成了国民性的扭曲、变形"。[29]246

吴戈、张恩和、沈文华、秦文平、贾晓霞等学者，在他们的文章中对鲁迅剖析国民性病源问题也有所论述。[54][55][18][9]

七、关于鲁迅塑造的国民性典型形象

鲁迅笔下曾出现过许多让人难忘的人物,通过他们,鲁迅揭示着当时的中国社会和中国的国民性。"阿Q"可谓是其中最典型的代表,学术界关于"阿Q"与国民性的文章也不乏有之。

王敬文在文章中就提到"鲁迅创作《阿Q正传》的动机是'暴露国民的弱点''画出''沉默的国民的魂灵来',并企图用文艺达到振奋国民精神、'改革国民性'的目的"。作者还通过分析阿Q、小D、赵大爷、假洋鬼子等人物,指出"《阿Q正传》中不仅没有缺乏阶级分析的现象,相反地,阶级对立的观点却十分清楚"。[6]冯天瑜在文章中也提道:"鲁迅揭示'国民的灵魂'的努力,最辉煌的表现在《阿Q正传》的创作上。""鲁迅通过对阿Q这个农民形象的刻画,揭示了'国民的弱点':因循守旧,盲目自大,畏强凌弱,爱面子,喜奉承,讳疾忌医,不正视现实,惯用精神胜利法麻痹自己,等等。"[53]刘泰隆在《所谈阿Q典型的国民性、阶级性及人性问题》中认为,阿Q是"国民性弱点"的典型,也是落后农民的典型,但这并不是承认他是超阶级的典型。[56]陈鸣树在文章中认为,鲁迅选择阿Q这样一个流浪雇农作为典型有三方面原因:"一,中国是一个农业社会,我们民族性格的弱点与农业经济是分不开的,因此通过一个农民的形象来表现这点是最为适宜的了。二,阿Q处在受压迫最深的底层,因此,在这样一个忍辱负重的流浪雇农身上,也最能表现重重叠叠的压迫所导致的精神创伤。三,像阿Q这样的流浪雇农,物质上一无所有,精神上却要处处表现自己的满足、胜利,这不是极大的矛盾吗?正因为如此,就使问题的提出具有了极大的尖锐性。"[1]

黄川的《阿Q精神·国民性·人性的异化》(《新疆师范大学学报》1981年第2期)、《论阿Q的"精神胜利法"和中国"国民性"的"病根"》(《江淮论坛》1981年第4期)、张国祯的《启蒙母题的创作之谜——鲁迅小说系列"改造国民性"多重意念的整合与矛盾辨析》(《鲁迅研究月刊》1991年第2期)、张大和的《从

〈呐喊〉〈彷徨〉看鲁迅的"改革国民性思想"》(《安徽农业大学学报》1994年第1期)、罗姝芳的《〈阿Q正传〉中国民性改造的思想主题》(《湖北民族学院学报》1997年第4期)、李滨英的《从〈阿Q正传〉看鲁迅的国民性思想》(《学术交流》1997年第4期)、唐复华的《试论国民性的悲剧结构——以〈阿Q正传〉为例》(《湖北大学学报》1999年第4期)、刘翠珍的《再探"阿Q"形象的国民性》(《山西高等学校社会科学学报》2002年第1期)、谭德晶的《阿Q性格系统与"国民性"问题探索》(《理论与创作》2002年第4期)、龚云普的《说得尽的阿Q》(《江西社会科学》2005年第7期)等文都对阿Q形象所体现的国民性做了分析。

八、关于鲁迅改造国民性思想的评价问题

多数学者充分肯定了鲁迅"国民性改造"思想对中国思想史的贡献与现实意义。但对鲁迅国民性思想的评价也有分歧，除了前已提及的、由讨论鲁迅国民性思想之来源所引发的思想独创性问题的争论，多集中在对鲁迅前期国民性思想的评价上。

鲍霁认为，鲁迅早期的思想受到时代的制约，"他在对待精神与物质、主观与客观、个人与集体诸问题上，不可能摆脱唯心史观的局限"。鲁迅在前期"世界观常常呈现矛盾的状况，因此对于改造国民性的认识，有时也不可避免地动摇于唯物和唯心之间"，"也仍然保留一些片面的、消极的成分"。[37] 易竹贤认为："鲁迅前期对国民尚缺乏阶级分析"，他在"'五四'时期……笼统地批评所谓'民族根性''国民性'，虽有很猛烈地反封建的作用，却也反映出了他当时思想的局限"。"由于着眼在国民性弱点和病根的披露，笼统地看国民的消极落后面较多，以至对群众的认识也偏于消沉，而对他们所蕴藏着的巨大革命力量却估计得很不够"。[47]

杨越则不同意上述这种"建立在唯心史观的基础上"的说法。他在《鲁迅早期国民性思想探索》中认为，由于鲁迅"对中国历史的真知，他的炽烈的民族感情和现实生活感受，他完全有可能在个别问题,如民族问题上接近或达到历史唯物论的观点","不能以他后期的思想来否定他早期的思想"。[57]王瑶认为,鲁迅在前期"也不是对中国的国民性采取全面否定的态度,而是努力发掘一些值得肯定的和珍惜的东西。……把鲁迅的改造国民性思想认为只限于批判国民性的弱点,是他前期思想局限性的一种表现,是不符合事实的"。[35]郑欣淼则认为,鲁迅"在前期,由于唯心史观的限制,他的改造国民性思想有一定的偏颇和不足之处,……对待这个问题,不能只从理论上进行分析,满足于只做出唯心主义或唯物主义的判断,而必须紧密结合当时的社会阶级斗争和政治斗争,结合鲁迅的革命斗争实践,去认识他的意义和作用";"如果我们密切联系当时的斗争实际,就会看到……他的以改造国民性弱点、启发人民群众觉醒的坚持不懈的努力,对革命起到了积极的促进作用。因此,鲁迅前期改造国民性思想诚然有不足之处,受唯心史观影响,但我们在全面评价它的作用时,应进行具体的分析,在政治上给以肯定"。[3]87

关于鲁迅后期改造国民性思想,学术界普遍认为他克服了前期的缺陷,其思想更臻完善和科学。如钱涛在《鲁迅笔下国民性思想初探》中就提到,在科学真理指导下,鲁迅的改造国民性的思想有了新内涵:首先,他不再把"改造国民性"看成"最要紧"的第一位工作了;其次,他看清了"国民性"是个非常复杂的问题,它既有统治阶级思想的影响,也有人民群众长期处于屈辱地位形成的特性,这样的看法较为全面客观;最后,鲁迅已完全用阶级观点分析国民性,他不仅看到国民性中的消极面,也看到中华民族真正的"民魂"。[58]

九、关于鲁迅改造国民性思想的现实意义及研究出路

20世纪80年代曾有学者探讨了鲁迅改造国民性的思想对我国的精神文明建设所具有的重要意义。[59]目前学术界普遍认为在当代研究鲁迅的国民性思想仍具有现实意义。如王书声认为:"鲁迅从20世纪初至30年代中期对我国国民性的探索,其实质是探

索众人的现代化问题,也就是重塑和培养具有现代人格素质的中国人的问题。……在今天继续学习和研究鲁迅的'立人'思想及改造国民性思想,仍具有极大的现实意义。"[45]秦林芳指出,鲁迅的改造国民性思想仍具有其当代性,原因有二:一是"从客观的环境来看,鲁迅当年提出改造国民性思想命题的现实因素仍然在一定范围内和一定程度上存在着";二是"从主体思想实际来看,鲁迅的改造国民性思想既表现出他对思想革命的重视,也表现出了对'最理想的人性'的探索。其中,他对思想启蒙工作的强调,在当下中国仍然具有重大的现实意义"。[61]

关于鲁迅改造国民性思想的研究出路问题,王得后在《对于鲁迅国民性改造思想的断想》一文中指出,肯定鲁迅的国民性改造思想虽然重要,有巨大的认识价值和理论意义,但只是解决这一问题的开始,对于实际的国民性改造似乎没有多少作用。问题的关键在于实践。"第一,在于研究鲁迅对于怎样实际改造我们中国人的'国民性'提出了什么可操作性的办法,可以为我们实际去做。第二,在于反思鲁迅和他的同道,提出国民性改造这一思想以来,经历了一个世纪,两次革命,我们中国的'国民性改造'取得了多少实绩。第三,凡是肯定、信奉鲁迅的国民性改造的思想的研究者,无论从学理从道义,都有责任、有义务发挥鲁迅的国民性改造思想。"[62]高旭东在《鲁迅改造国民性研究的出路》中认为:"鲁迅揭露中国国民性的原点和密码是永远找不到的,而且这种寻找也并不能帮助我们认识鲁迅对中国国民文化心理的深刻反省。"他认为鲁迅改造国民性的微观研究,应该将鲁迅点到为止的洞见加以深入的阐发;宏观研究应该将国民性上升为一种对中国文化心理的洞见,接受当前后殖民主义,尤其是由亨廷顿的"文明冲突论"挑起的全球文化热的学术挑战。[63]张杰在《系统性研究是当务之急》中认为:"迄今为止,似乎还没有人对鲁迅改造国民性的思想的具体内容进行过认真梳理,更谈不上系统化。鲁迅改造国民性思想研究工作的当务之急,就在于系统化。不仅研究现状需要这样,鲁迅的思想与实践特点更需要这样。"[64]

鲁迅先生离开我们已经70多年了,但他的改造国民性思想的影响是永恒的。中华民族在前进的道路中,需要精神资源的承载者。笔者对以上研究成果进行梳理,目的是期望学界对鲁迅国民性思想的研究会有进一步的突破,也希望那些促使鲁迅提出这一思想的某些现实因素彻底消亡。希望当我们再次提起它时,更多关注的是它的超越性!

参考文献

[1] 陈鸣树.关于鲁迅论国民性的几个问题[J].天津社会科学,1981(1).

[2] 李国涛.鲁迅的"国民性"概念有明确的阶级内容吗?[J].湖北大学学报,1979(4).

[3] 郑欣淼.文化批判与国民性改造[M].西安:陕西人民出版社,1988.

[4] 林非.鲁迅对"国民性"问题的理论探讨[J].鲁迅研究月刊,1990(4).

[5] 李存煜.鲁迅国民性思想论纲[J].徐州师范大学学报,1996(3).

[6] 王敬文.《阿Q正传》与国民性[J].湖北大学学报,1979(2).

[7] 王敬文.再谈《阿Q正传》与国民性——答李国涛同志[J].湖北大学学报,1979(4).

[8] 黄川.阿Q精神·国民性·人性的异化[J].新疆师范大学学报,1981(2).

[9] 秦文平,贾晓霞.论鲁迅"国民性改造"思想的提出[J].咸阳师范专科学校学报,1999(1).

[10] 钟本康.改造国民性是鲁迅的真知灼见[J].广西社会

科学，1985（1）.
[11] 冯骥才.鲁迅的功与"过"[J].收获，2000（2）.
[12] 刘禾.跨语际实践——文学，民族文化与被译介的现代性（中国，1900—1937）[M].北京：三联书店，2002.
[13] 陈漱渝.由《收获》风波引发的思考[J].鲁迅研究月刊，2001（1）.
[14] 竹潜民.评冯骥才的《鲁迅的功和"过"》[J].浙江师范大学学报，2002（3）
[15] 汪卫东，张鑫.国民性：作为被"拿来"的历史性观念——答竹潜民先生兼与刘禾女士商榷[J].鲁迅研究月刊，2003（1）.
[16] 王学钧.刘禾"国民性神话"论的指谓错置[J].南京工业大学学报，2004（1）.
[17] 杨曾宪.质疑"国民性神话"理论——兼评刘禾对鲁迅形象的扭曲[J].吉首大学学报，2002（3）.
[18] 沈文华.试论鲁迅的改造国民性思想[J].绍兴文理学院学报，2002（6）.
[19] 倪友葵.个性的觉醒与国民性的改造[J].北方工业大学学报，1989（6）.
[20] 陈继会.论易卜生对鲁迅改造国民性思想的影响[J].鲁迅研究月刊，1990（7）.
[21] 范伯群，泽谷敏行.鲁迅与斯密斯、安岗秀夫关于中国国民性的言论之比较[J].鲁迅研究月刊，1997（4）.
[22] 汪卫东.鲁迅国民性批判的内在逻辑系统[J].鲁迅研究月刊，1999（7）.
[23] 潘世圣.关于鲁迅的早期论文及改造国民性思想[J].鲁迅研究月刊，2002（9）.
[24] 北冈正子.鲁迅改造国民性思想的由来[J].鲁迅研究月刊，2002（3）.

[25] 周绍曾. 鲁迅对庄子的批判与"国民性"问题[J]. 河北大学学报, 1981 (3).

[26] 郑春. 鲁迅与传统文化的羁绊[J]. 文史哲, 1997 (4).

[27] 邓程. 理性和宗教的双重视角[J]. 河南社会科学, 2002 (4).

[28] 钱理群. 鲁迅改造国民性思想研讨会[J]. 鲁迅研究月刊, 2002 (5).

[29] 俞祖华. 深沉的民族反省[M]. 济南: 山东人民出版社, 1996年.

[30] 谭德晶. 鲁迅小说与国民性问题探索[M]. 北京: 中国社会科学出版社, 2004.

[31] 羽白. 就鲁迅"国民性"思想致函林非先生[J]. 鲁迅研究月刊, 1991 (1).

[32] 王学谦. 精神创伤的升华——鲁迅"改造国民性"思想形成的心理因素[J]. 齐鲁学刊, 2002 (1).

[33] 程致中. 鲁迅国民性批判探源[J]. 鲁迅研究月刊, 2002 (10).

[34] 王志蔚. 鲁迅改造国民性思想是怎样形成的[J]. 重庆教育学院学报, 2004 (5).

[35] 王瑶. 谈鲁迅的改造国民性思想[J]. 文学评论, 1981 (5).

[36] 鲍霁. 论鲁迅改造国民性思想的发展[J]. 社会科学辑刊, 1981 (5).

[37] 张永泉. 鲁迅思想分期再探[J]. 鲁迅研究月刊, 2004 (7).

[38] 郭国祥. 鲁迅国民性改造思想的发展轨迹[J]. 兰州学刊, 2005 (2).

[39] 陈早春. 对鲁迅的改造"国民性"思想的初步探讨[J]. 中国社会科学, 1981 (6).

[40] 李文珊. 鲁迅国民性改造思想初探[J]. 青海社会科学, 2004 (3).

[41] 韩罕明. 鲁迅笔下的国民性问题[J]. 湖南师院学报, 1981 (4).

[42] 赵明. 鲁迅的改革国民性思想前后期是一贯的吗[J]. 鲁迅研究月刊, 1987 (6).

[43] 王福湘. 鲁迅改革国民性的思想及其失败[J]. 学术研究, 2001 (12).

[44] 李振坤. 试论鲁迅后期关于国民性的探讨[J]. 新疆师范大学学报, 1996 (4).

[45] 王书声. 鲁迅后期对国民性的批判[J]. 中共福建省委党校学报, 2001 (4).

[46] 伊智. 试论鲁迅对"国民性"问题的研究[J]. 河北大学学报, 1981 (4).

[47] 易竹贤. 关于国民性问题的探讨[J]. 中国现代文学研究丛刊, 1981 (2).

[48] 牛晓东. 论鲁迅的改造国民性思想[J]. 成都教育学院学报, 2004 (9).

[49] 刘俐莉. 永远的鲁迅[J]. 河南社会科学, 2004 (4).

[50] 汪卫东. 国民性再思[J]. 鲁迅研究月刊, 2002 (5).

[51] 竹潜民. 中国国民性"密码"和"原点"探秘[J]. 鲁迅研究月刊, 2002 (2).

[52] 竹潜民. 让鲁迅回归民间[J]. 鲁迅研究月刊, 2002 (5).

[53] 冯天瑜. "国民性"的一面秋毫毕现的镜子[J]. 湖北大学学报, 1979 (4).

[54] 吴戈. 论阿Q的"精神胜利法"和中国国民性的"病根"[J]. 江淮论坛, 1981 (4).

[55] 张恩和. 理想与现实[J]. 鲁迅研究月刊, 2002 (5).

[56] 刘泰隆. 所谈阿Q典型的国民性、阶级性及人性问题[J]. 广西师范大学学报, 1980 (2).

[57] 杨越. 鲁迅早期国民性思想探索[J]. 学术研究, 1981 (5).

[58] 钱涛. 鲁迅笔下国民性思想初探[J]. 黄河水利职业技术学院学报, 1999 (4).

[59] 林志仪. 试论鲁迅关于改造国民性与建设精神文明的思想[J]. 广西师范大学学报, 1981（4）.
[60] 李咪. 对鲁迅"国民性命题"的现实意义的思考[J]. 红河学院学报, 1986（3）.
[61] 秦林芳. 鲁迅改造国民性思想之当代影响探源[J]. 河南社会科学, 2002（4）.
[62] 王得后. 对于鲁迅国民性改造思想的断想[J]. 鲁迅研究月刊, 2002（5）.
[63] 高旭东. 鲁迅改造国民性研究的出路[J]. 鲁迅研究月刊, 2002（5）.
[64] 张杰. 系统性研究是当务之急[J]. 鲁迅研究月刊, 2002（5）.

活动2　运用"反讽"相关理论对《狂人日记》进行分析

【活动目标】

1. 细致、深入地理解《狂人日记》思想的深刻性与手法的独特性。
2. 把握基本概念、理论；掌握查阅理论文献的方法并进行实际操作。
3. 初步了解并体会通过具体理论分析作品的方法。

【活动内容】

1. 根据现行使用的"文学理论"课程教材，鼓励学生进行理论文献查阅，明确"反讽"的概念、类型和作用。
2. 教师抽查学生汇报资料的查阅和整理、分析情况。

3. 教师确定"反讽"的定义、类型及作用。

4. 教师引导学生确定相关的理论，尝试论析《狂人日记》中反讽手法的运用，要求学生运用已确定的理论工具构建论证框架，草拟论证提纲。

5. 学生阅读温儒敏，旷新年的论文《〈狂人日记〉反讽的迷宫——对该小说"序"在全篇中结构意义的探讨》（载于《鲁迅研究月刊》1990 年 8 月），并反思自己对《狂人日记》反讽手法的论析。

活动 3 鲁迅对文化转型的思考有哪些值得我们今天重新关注？

【活动目标】

1. 明确鲁迅的文化观。
2. 学习论证方法。
3. 锻炼学生的归纳推理能力。
4. 培养学生将所学知识与当下、现实结合的意识。

【活动内容】

阅读鲁迅杂文集《坟》中的《文化偏执论》和《科学史教篇》，回答以下问题，并注意问题之间的逻辑关系。

（1）什么是文化转型？

（2）自晚清国门被迫打开以来，中国与外国形成了复杂的关系，也形成了对外部世界的复杂心态。近代中国国内主要有哪些主张？

（3）鲁迅认为文化的转型，除了对传统进行批判、发扬和继承（更多地做批判）之外，更重要的就是要吸收外来的先进文化。对于西方文化进入，鲁迅的观点是什么？请做具体归纳。

（4）鲁迅对文化转型的思考有哪些值得我们今天重新关注？

（5）鲁迅关于外来文化的思考有何现实意义？

【理论梳理】

联系童庆炳编写的《文学理论教程》，分析《狂人日记》涉及的相关理论。

（1）艺术真实：第八章第一节（求真的文学）。

（2）文学言语层的内指性、阻拒性、心理蕴含性：第十章第一节（文学文本层次）。

（3）意象：第十章第四节（意象）。

（4）叙事视角：第十一章第三节（叙事话语）。

（另外，学生可联系以下理论对作品进行分析：象征、意识流、反讽。）

【运用理论分析作品示例】

分析《狂人日记》中的"狂人"形象。

提示：

一、作品直接呈现的人物形象

对人物形象的分析常常从人物的外貌、语言、动作行为（传统小说描写人物形象的手法）、心理及其反映出的人物性格等方面进行，《狂人日记》中主要是狂人的心理和感觉。

二、"狂人"形象的象征性

1. 什么是象征（理论工具的明确）

（1）根据事物间的某种联系，借助某人某物的具体形象（象征体），以表现某种抽象的概念、思想和情感。

（2）象征的特点：暗示性、多义性。

2."狂人"的象征性

（1）背景的介绍。

（2）"狂人"的象征意蕴（吃与被吃；隐喻的本质）（象征性）。

（3）思想内涵（多义性）。

① 直接揭露并批判了压迫人、损害人的社会现实；

② 歌颂了敢于质疑、敢于反抗的具有斗争性的战士精神；

③ 批判、抨击了革命战斗的不彻底性；

④ 反抗绝望的思想。

[以上思想内涵基于鲁迅的"立人"思想。（参考曹万生《中国现当代文学史》第六章第一节）]

三、作者怎样塑造"狂人"形象

（1）用第一人称的视角写作（与传统的全知视角不同）。

（2）不同于传统的人物描写方法，主要通过心理描写塑造人物。

（3）用横截面的写法对人物做片段式描写。

（4）用象征、隐喻的手法写作。

（5）用白话写作，既显示了创作的现代性，同时也是一种隐喻。

从以上分析，也可以说明为什么将《狂人日记》作为第一篇现代白话小说。

【必读作品】

《狂人日记》

《示众》

《阿Q正传》
《在酒楼上》
《无常》
《死火》
《影的告别》

【参考文献】

[1] 鲁迅.我怎么做起小说来[M]//鲁迅,叶圣陶等.创作的经验.上海:上海天马书店,1933.

[2] 陈涌.鲁迅小说的思想力量和艺术力量[J].甘肃文艺,1962(1).

[3] 王富仁.《呐喊》《彷徨》综论[J].文学评论,1985(3).

[4] 汪晖.反抗绝望:鲁迅小说的精神特征[J].鲁迅研究动态,1988(10).

[5] 刘俊.表现的深切和格式的特别——《狂人日记》新论[J].南京大学学报(哲学.人文科学.社会科学版),2001(4).

[6] 曹禧修.论《狂人日记》修辞策略[J].西南民族大学学报[J],2006(4).

[7] 杨义.《朝花夕拾》的生命解读[J].海南师范大学学报(社会科学版),2014(1).

【拓展思考】

1. 分析《狂人日记》的思想内涵。
2. 以日记的体裁特征分析《狂人日记》。
3. 试论《狂人日记》中第一人称叙事视角的作用。
4. 论《狂人日记》中狂人视角的叙事意义。

5. 以《狂人日记》为例，试论鲁迅小说创作"表现的深切和格式的特别"。

6. 从阿Q看鲁迅的国民性思想。

7. 分析鲁迅作品中的"看客"形象。

8. 试析鲁迅小说的结尾。

9. 分析《故事新编》中的荒诞艺术。

10. 阐释《故事新编》的"新"。

11. 分析《朝花夕拾》中的儿童叙事视角。

12. 分析《朝花夕拾》"闲话体"风格。

13. 论《野草》的悲剧性。

14. 解析《野草》中的"梦"（"夜"）。

单元六
20 年代小说

【单元学习目标】

1. 阅读指定的文学作品，根据自己初步的艺术体验，印证思考教材的相关论断，并从文学史角度考察作家作品的艺术得失与地位。

2. 结合具体的作品，分析、考察 20 年代小说创作中具有时代特征的审美倾向与创作潮流。

3. 学习运用相关理论进行作品分析，避免过分注重感性而有意无意地弃绝理性这一现象，既在作品精读中培养感悟、审美能力，又在作品分析中锻炼理性思辨能力。

活动 1　以作品《超人》看冰心创作中的"爱的哲学"

【活动目标】

1. 熟悉"小说"这一基本文学体裁的基本特征，并能通过具体作品反观"小说"的基本特征。

2. 根据作品《超人》，理解"问题小说"的特征与不足；体会其中"五四"时代的情味。

3. 通过《超人》比较现代小说与传统小说创作的不同之处，

进一步明确五四文学的现代性特征。

【活动内容】

课前准备：

1. 联系童庆炳《文学理论教程》中"文学作品的基本体裁"一节，熟悉"小说"的内涵及其体裁特征。

2. 每位同学收集资料，明确冰心"爱的哲学"的具体内涵，并分析作者"爱的哲学"的形成原因。

3. 作品分析：阅读冰心作品《超人》，并说明《超人》中"爱的哲学"的体现；联系《超人》，说明"问题小说"的特点。

课堂讨论：

1. 分组讨论。

2. 教师抽选几组进行讨论情况汇报，并由教师做评价、总结。

教师明确：

1. 联系具体时代环境，分析冰心以"爱的哲学"为主题的问题小说的得失。

2. 分析《超人》与传统小说不同的现代小说创作特征。

活动2　叶绍钧《潘先生在难中》作品分析

【活动目标】

1. 以叶绍钧为例，考察"问题小说"向写实的转向：从文学发展的历史脉络中考察新文学题材转向社会民众、手法转向写实、描写转向以人物为中心等变化。

2. 通过叶绍钧的小说，体会人生派写实作家"为人生"而创作的现实主义小说的特征。

3. 学习通过具体理论分析作品的论证方法。

【活动内容】

1. 根据文献调研的方法，查阅"现实主义"相关理论，明确"现实型文学"与"现实主义文学"的联系与区别。

2. 掌握"现实主义"的基本理论："现实主义"的概念、基本特征。

3. 课堂教师抽选学生，请学生说明资料的查阅和整理、选择情况。

4. 教师确定"现实主义"相关理论，引导学生尝试论析《潘先生在难中》中现实主义的体现。

5. 查阅论文杨义《论叶圣陶短篇小说的艺术特色》(中国现代文学研究丛刊，1980年第2期)，研读作者对《潘先生在难中》的现实主义的论析。

活动3 "20年代乡土小说"读书活动

【活动目标】

1. 深入把握"小说"这一基本文学体裁的基本特征，把握小说的阅读鉴赏方法。

2. 20年代中后期乡土小说作家群不同风格的创作感受。

3. 探讨乡土小说的基本特色及其文学史意义。

【活动内容】

1. 联系童庆炳《文学理论教程》中"文学作品的基本体裁"和"叙事性作品"两个章节，深入把握"小说"的内涵及其体裁特征。
2. 不同小组分别负责阅读王鲁彦、彭家煌、台静农、许钦文、蹇先艾的一篇作品。
3. 课堂分组讨论。讨论内容：简要介绍所阅读作品的主要内容。选择"小说"这一文学体裁的任一组成要素或任一基本特征，结合所讲作品做具体分析。
4. 教师抽选小组进行讨论情况汇报。
5. 教师评议总结，并明确乡土小说的流派特征及文学史意义。

活动4 郁达夫《沉沦》作品分析

【活动目标】

1. 通过郁达夫的创作，了解自叙传抒情小说、创造社创作的主要特征。
2. 体会感受充溢全篇的真切情感，培养学生的审美感悟能力。
3. 学习通过具体理论分析作品的创作方法。

【活动内容】

课前准备：
1. 复习小说的基本要素及其基本特征。
2. 精读《沉沦》，不必考究其情节、结构与语言运用的完整，重在领略其独特的艺术个性，文中洋溢的才气、激情及其真切的感伤和忧愤。

3. 联系小说的基本要素及其基本特征，分组分析作品《沉沦》中的人物、情节、环境。拟写分析的提纲。

课堂讨论：

1. 教师抽查学生对作品《沉沦》人物、情节或环境方面的分析。着重检查学生能否联系童庆炳《文学理论教程》中"文学作品的基本体裁"和"叙事性作品"两个章节的理论进行作品分析。

2. 教师引导学生比较抒情性小说与一般叙事为主的小说，两者在人物塑造、情节设计等方面的不同特点。

3. 基于以上分析，教师引导学生分析作为叙事性体裁的小说《沉沦》的抒情性艺术特色。

  提示：

  （1）什么是抒情？

  （2）作品设计的主观抒情的主体："零余者"形象。

  （3）作品中抒情的方式有哪些？（直接抒情：人物的语言、人物的心理活动；间接抒情：环境描写、诗歌）

  （4）抒情性描写的作用是什么？（从氛围烘托、情感基调的形成、人物形象的塑造、主题内涵的突显等方面分析）

  （5）郁达夫小说抒情风格形成的原因是什么？（从社会时代背景、日本文艺思潮的影响、个人的性格和经历、作者的创作观念等方面分析）

  要求学生根据参考答案思考：如何确定基本理论工具？如何运用理论工具分析作品？其中的逻辑框架是怎样形成的？

【理论梳理】

1. 联系童庆炳编写的《文学理论教程》，分析《潘先生在难中》涉及的相关理论。

（1）文学类型：第九章第一节（文学作品的类型）。

（2）典型：第十章第二节（典型）。

（3）喜剧：详见美学教材。

（另外，学生还可联系以下理论对作品进行分析：现实主义、讽刺。）

2.联系童庆炳编写的《文学理论教程》，分析《沉沦》涉及的相关理论。

（1）典型：第十章第二节（文学典型）。

（2）文本时间与故事时间：第十一章第三节（叙述话语）。

（3）文学风格：第十三章第二节（文学风格）。

（另外，学生还可联系以下理论对作品进行分析：浪漫主义、唯美主义、弗洛伊德的人格结构理论。）

【运用理论分析作品示例】

1. 用人物形象的分析方法，确定叶圣陶小说《潘先生在难中》的主人公，并分析其形象。

提示：

（1）主人公定位法：叙事中心或视角出发的点，在小说中的表现，故主人公是潘先生。

（2）人物形象分析法：① 从肖像、语言、行动、心理等方面对人物形象进行分析；② 对人物形象进行价值判断。

2. 联系弗洛伊德的人格结构理论，试论郁达夫抒情小说《沉沦》中的心理描写。

提示：

（1）熟悉弗洛伊德的人格结构理论，了解人格结构三大组成部分：本我、自我和超我。

（2）分析主人公"他"的本我、自我、超我在文本中的具体表现，以及相互的关系，阐释主人公复杂的心理状态。

（3）作者对其复杂的心理描写，其实质内涵：① 创作中的颓废情绪并不表示郁达夫是真正的颓废者，消沉是表象，反抗是实质。它反映出作者自觉反叛封建道德、抨击虚伪礼教的叛逆精神。② 这类笔墨并非肉欲挑逗或官能刺激，而是力图探讨人的自然本性，挖掘灵肉矛盾、爱欲冲突的深层奥秘。③ 将主人公的"性的苦闷"与"生的苦闷"结合起来，因而其性欲描写便具有一定的社会意义。④ 郁达夫对于病态性欲的描写不是对性行为、性活动的无意义展览，而是伴随着作者痛苦的自我解剖，是他对于纯真爱情的向往追求以及求之不得的结果。⑤ 作者在描写人物的性饥渴、性变态及狎妓嫖娼时，始终在进行心灵的搏战。

（4）意义：从思想意义上看，体现了强烈鲜明的反封建精神和个性解放的要求，开辟了现代小说创作的新的题材领域。从艺术创作上，打破了传统小说的人物描写手法，以心理描写塑造人物形象，并开创了主观抒情小说的风气。郁达夫的小说无论是在思想性还是在艺术上，都对现代小说的创作与发展具有不可低估的意义。

【必读作品】

《超人》
《菊英的出嫁》

《拜堂》
《沉沦》
《春风沉醉的晚上》
《竹林的故事》
《海滨故人》
《缀网劳珠》

【参考文献】

[1] 茅盾. 中国新文学大系·小说二集·导言[M]. 南京：南京大学出版社，2009.

[2] 丁帆. 乡土文学派小说主题与技巧的再认识[J]. 江苏社会科学，1992（4）.

[3] 温儒敏. 一份率真，一份才情[M]//温儒敏. 郁达夫名作欣赏. 北京：中国和平出版社，1998.

[4] 张福贵. 错位的批判：一篇缺少同情与关怀的冷漠之作——重读叶圣陶的小说《潘先生在难中》[J]. 文艺争鸣，2004（5）.

[5] 容小明. 现代与后现代语境下潘先生形象之比较[J]. 名作欣赏，2010（11）.

[6] 李健. 潘先生形象现代解读与当代阐释比较——读叶圣陶《潘先生在难中》[J]. 名作欣赏，2012（17）.

[7] 李建维. 叶圣陶小说创作的平民人生现实主义特色分析——以《潘先生在难中》为例[J]. 大众文艺，2015（2）.

[8] 钟玉洲. 冲动、压抑、沉陨——论小说《沉沦》的情欲描写[J]. 中山大学学报论丛，2004（4）.

[9] 李欧梵. 引来的浪漫主义：重读郁达夫《沉沦》中的三篇小说[J]. 江苏大学学报（社会科学版），2006（1）.

[10] 毕曼.郁达夫《沉沦》的心理解析[J].名作欣赏,2011年(5).

[11] 蒋晖.《沉沦》里的四次"偷听"与五四主体性问题[J].中国现代文学研究丛刊,2014(2).

【拓展思考】

1. 联系具体作品试析叶圣陶小说和教育的关系。
2. 联系具体作品论述叶圣陶小说创作的反讽叙事。
3. 叶圣陶小说中的教育者形象。
4. 通过《潘先生在难中》解读叶圣陶笔下的灰色人生。
5. 郁达夫笔下的零余者形象。
6. "以诗为文"——试论自叙传抒情小说的艺术特色。
7. 联系《沉沦》论述郁达夫小说中病态人格的表现及其形成原因。
8. 分析郁达夫小说中体现出的死亡意识。
9. 论述郁达夫小说中类型化女性形象及其符号意义。
10. 分析20世纪20年代为人生派的"乡土叙述"。
11. 论析20世纪20年代乡土小说中的民俗叙事。
12. 分析20世纪20年代乡土小说中的悲剧女性形象。
13. 分析20世纪20年代乡土小说中的"疯妇"形象。
14. 论述20世纪20年代乡土小说中的地域文化特色。
15. 分析王鲁彦或彭家煌小说中讽刺的运用。
16. 联系台静农的《拜堂》说说你对"以乐景写哀情"的理解。

单元七 郭沫若

【单元学习目标】

1. 对"诗歌"这一体裁的把握,并能以相关的诗学理论工具分析诗作。
2. 了解五四初期的"自由体诗"。
3. 感受体悟郭沫若诗歌"绝端自由"的诗歌风格。
4. 阅读"时过境迁"的经典,从历史角度探知郭沫若诗歌如何适应时代需要并充分表现出诗人的创作个性,成为文学的经典的原因。

活动1 直观感受作品

【活动目标】

1. 针对郭沫若的两极阅读现象,消除经典中的历史隔膜。
2. 提升学生审美感悟能力,培养诵读的技能。

【活动内容】

1. 每位学生搜寻一至二首郭沫若《女神》中的诗作,先在课外自行诵读。

2. 各组推选一名成员在课堂上朗诵一首郭沫若的诗作，要求：制作幻灯片，幻灯片上有诗作原文，有配乐。

3. 教师抽选学生进行课堂诵读。

4. 全班精读《凤凰涅槃》《天狗》，教师播放这两首诗的名家朗诵视频。

（学生在初期的诵读中，应抛开一切既有结论或看法，完全投入，努力体会感受诗歌中的情感，获得第一印象。）

活动 2　设身处地理解作品

【活动目标】

1. 充分发挥想象，提升审美体悟能力。
2. 通过背景资料的收集，了解相关的文学史、文化史知识。

【活动内容】

1. 各组梳理中国现代新诗的发生、发展历程，收集郭沫若五四时期诗歌创作的背景资料，收集"天狗"的相关文化资料，形成"设身处地"想象的文学史和文化史的预备知识。

2. 各小组自行整理资料，形成书面材料（规范地标注参考文献的出处），并将材料按规定时间提交任课教师。（可以提交打印稿）

3. 教师检查学生收集资料情况，择其优质资料，安排相应学习组在课堂回答下列问题：① 简要地概述20世纪初中国现代新诗的发生、发展历程。② 简介郭沫若五四时期诗歌创作的时代背景。③ 简要介绍天狗的相关传说及文化内涵。

活动3 运用理论分析作品

【活动目标】

1. 通过具体的文学作品深入、切实地把握抒情性作品的相关理论。

2. 运用理论工具深入、切实地理解作品,使学生掌握运用理论分析问题的方法,培养学生基本的科研能力。

【活动内容】

1. 课前参阅童庆炳《文学理论教程》,随堂抽检学生回答以下理论知识。

(1)名词解释:抒情角色、意象、抒情内容、抒情话语、抒情性作品的结构。

(2)简答:抒情话语主要通过哪些方式来突出语言的表现功能?

2. 联系理论,分析作品。

(1)什么是意象?

① 根据文献调研的方法,针对"意象"理论进行文献查阅。

② 梳理该理论的发展、演化,确定分析作品需要用到的理论资料。

③ 教师检查学生查阅和整理、选择资料的情况。

④ 教师确定"意象"的概念、类型及作用,引导学生运用相关理论对《天狗》中象征手法的运用进行论析。

(2)联系"意象"相关理论,以"论析《天狗》中自我抒情主人公形象"为论题进行论证。以学习小组为基础组成五个大组,每一大组负责一个论点。

① 简要说明天狗形象及其文化内涵。
② 诗中直接呈现的"我"是什么形象？
③ "我"的本质内涵是什么？诗歌的思想内容是什么？（参考教材《女神》的思想内容）
④ 诗歌是如何形成表现功能的？（参考教材《女神》的艺术特征）
⑤ 通过《天狗》探寻郭沫若诗歌创作在文学史上的意义。（参考教材《女神》的意义）
（3）各组推荐一名学生汇报讨论结果。
（4）教师归纳、总结。
① 归纳作为抒情主人公的"我"的象征意蕴。
② 以上论证之间的逻辑关系。
（5）课后作业。
① 查阅论文：张德明《现代性的高峰体验与审美传达——郭沫若〈天狗〉赏析》(《名作欣赏》2005年第7期)；米家路《造化的身体：自我形塑与中国现代性——郭沫若〈天狗〉再解读》(《文艺争鸣》2016年第3期)。
② 补充自己对《天狗》中抒情主人公形象的认识。

【理论梳理】

1. 联系童庆炳编写的《文学理论教程》，分析《凤凰涅槃》涉及的相关理论。
（1）（构思方式）陌生化：第七章第二节（文学创造的构思阶段）。
（2）抒情中的自我与社会：第十二章第一节（抒情界定）。
（3）意境：第十章第三节（意境）。
（4）意象：第十章第四节（意象）。
（5）声与情：第十二章第二节（抒情性作品的构成）。

2. 联系童庆炳编写的《文学理论教程》，分析《天狗》涉及的相关理论。
（1）陌生化（构思方式）：第七章第二节（文学创造的构思阶段）。
（2）抒情与现实：第十二章第一节（抒情界定）。
（3）意象：第十章第四节（意象）。
（4）形式内容化：第八章第三节（美的创造）。
（5）象征：第十二章第二节（抒情方式）。
（6）抒情角色：第十二章第二节（抒情方式）。
（7）声与情：第十二章第二节（抒情性作品的构成）。

【运用理论分析作品示例】

以《天狗》为例论述郭沫若诗歌的"浪漫主义"创作特色。

提示：

（1）明确"浪漫主义"的基本概念界定，"浪漫主义"文学作品的基本特征。

（2）运用"浪漫主义"的基本理论，以《天狗》为例论析郭沫若诗歌的"浪漫主义"特色。内容：侧重从主观内心世界出发，抒发强烈的个人感情，抒发对理想世界的热烈追求；塑造出超凡、孤独的叛逆形象。形式：热情奔放的语言、瑰丽的想象和夸张、变形的手法。

（3）郭沫若"浪漫主义"诗风形成的原因：① 社会时代背景；② 诗人自身的经历和性格气质；③ 古典文学（庄子、屈原、司马迁、陶渊明、李白）和外国文学（泰戈尔、惠特曼、歌德）的影响；④ 泛神论为哲学基石；⑤ "自我表现说"的诗学观。

（4）郭沫若浪漫主义诗歌的意义：时代内涵、文学史意义。

【必读作品】

《凤凰涅槃》
《天狗》
《炉中煤》
《立在地球边上放号》
《地球，我的母亲》
《太阳礼赞》
《屈原》

【参考文献】

[1] 郭沫若.我的作诗经过[M]//郭沫若.沫若文集.北京：人民文学出版社，1957.
[2] 姜铮.人的解放与艺术的解放[J].郭沫若学刊，1991（1）.
[3] 温儒敏.郭沫若其人其诗[J].中国语文论丛，1994（7）.
[4] 李怡.《女神》与中国"浪漫主义"问题——纪念《女神》出版90周年[J].中国现代文学研究丛刊，2012（1）.
[5] 曹顺庆.试析"泛神论"对郭沫若墨学态度的影响——从"扬墨"到"非墨"[J].北京联合大学学报（人文社会科学版），2014（4）.
[6] 李铁秀.重估《女神》审美超越价值——从《凤凰涅槃》象征谈起[J].哈尔滨学院学报，2008（12）.
[7] 孙绍振.《凤凰涅槃》一个经典话语丰富内涵的建构历程[J].中国现代文学研究丛刊，2014（5）.
[8] 张德明.现代性的高峰体验与审美传达——郭沫若《天狗》赏析[J].名作欣赏，2005（7）.
[9] 冉华.关于郭沫若《天狗》主观偏向的一个认定[J].太原师范学院学报（社会科学版），2010（4）.

[10] 米家路. 造化的身体：自我形塑与中国现代性——郭沫若《天狗》再解读[J]. 文艺争鸣，2016（3）.
[11] 温儒敏. 浅议有关郭沫若的两极阅读现象[J]. 中国文化研究，2001（1）.
[12] 魏建. 郭沫若"两极评价"的再思考[J]. 山东师范大学学报（人文社会科学版），2012（6）.

【拓展思考】

1. 联系《女神》中的诗作，试论泛神论对郭沫若创作的影响。
2. 近两年郭沫若《女神》研究综述。
3. 通过《女神》中的诗作，分析郭沫若的浪漫主义美学特征。
4. 分析《凤凰涅槃》抒情主人公形象。
5. 运用接受美学理论浅析郭沫若的两极阅读现象。
6. 以历史剧《屈原》为例探讨郭沫若戏剧的诗性特征。
7. 试析郭沫若历史剧中的"原型"意象。

【学习资料】

朗读

朗读就是通过发音器官，将无声的文学转化为有声语音的一种阅读方式。它是将单纯的视觉活动转化为眼、口、耳、脑等多种感觉并用的阅读活动。

朗读可以通过声音和语气增强文章的表达效果，再现语言文学背后蕴涵的思想感情。反复朗读，有助于深入理解文章含义；朗读可以"传出文字的情趣，畅发读者的感兴"，丰富语言的表现力，促进学生提高记忆力，增强形象感受能力；同时，朗读也是积累词句、培养语感的重要途径。

1. 基础朗读的基本要求

首先是选用适合作品思想情感表达的普通话或方言。除非文章特殊要求(特殊问题或特殊内容为增加艺术效果和感染力),一般情况下,教师与学生都要使用规范、标准的普通话朗读文章。

(1)正确。发音要准确清楚,这是朗读最基本的要求。发音准确,避免出现误读、错读现象,不随意丢字、加字,也不能颠倒或错行;读音清楚,每个字的声、韵、调都要读得清清楚楚,不能模棱两可,似是而非。

(2)流利。朗读时要声音连贯,不重复,不断句;吐字清晰准确,不出错误。恰当把握语气和语调,体现文章抑扬顿挫和轻重缓急。

(3)有感情。熟练运用语音和表情,生动自然,声情并茂,在深入理解和领会文章的基础上,把作者的情感体验和复杂的心情通过声音充分表达出来。

2. 朗读技巧

除了上述基本的要求之外,还应下功夫训练朗读技巧。朗读技巧的训练应突出重音、语调、停顿和节奏四个方面。

(1)重音。朗读时,为了准确表情达意,在声音、气息力量的分配上有轻有重,有强有弱。一个词、词组或句子里突出强调需要重读的音,称之为重音。教师在重音分为逻辑重音、语法重音和感情重音。教师在指导学生阅读时,先要启发学生识别、确定重音。例如:"盼望着,盼望着,东风来了,春天的脚步近了。""盼望"一词反复出现,表达了对春的强烈的期盼,属于感情重音,均应该重读。"来"与"近"字,运用拟人化动词,突出春天临近大地时给人带来的亲切和欢欣,属语法重音,也应重读。其次要能够运用恰当的方式表达重音。表达重音的一般方法有加大音量,加强力度,在重读音节后稍加停顿,用拖音延长音尾,造成缭绕之势,一字一顿,重音轻读,利用音调节奏变化帮助显示重音等。例如:"广场回音'呵,轻些呀,轻些,他正在中南海接见外宾,他正在政治局出席会议……'"此处两个"轻些"应重音轻读,并延长尾音,表达肃穆哀思之情。

（2）语调。语调是朗读时声音高低起伏、强弱更替、抑扬顿挫的变化。不同的语调表达出不同的感情,一般包括平直调、上扬调、下降调、曲折调等。朗读叙述性的句子或比较庄重严肃的内容一般用平直调；表示疑问、命令、号召、惊喜等感情多用上扬调；下降调则多用于表示坚决、果敢、自信、祝愿、感叹或心情沉重；曲折调经常用来表示惊讶、幽默、含蓄、讽刺等。朗读前要仔细琢磨文章中语句含义是悲是喜是慷慨豪迈还是婉转细腻,朗读时才能控制好语调,读出情感来。

（3）停顿。朗读中的停顿,不单是生理上换气的需要,更主要的是表情达意的需要。一般地说。停顿有结构停顿、语法停顿、逻辑停顿和感情停顿等几种。结构停顿,就是显示文章结构关系的停顿,如正文与标题、段与段之间、句与句之间的停顿；语法停顿,是根据语法结构所做的停顿,如主语和谓语之间的停顿；逻辑停顿,是为了突出或强调某些内容之间的逻辑关系所进行的停顿；感情停顿,是为了渲染某种情绪、气氛而在表情达意最集中的词句上所做的停顿。

（4）节奏。节奏指的是朗读全篇作品过程中所显示的声音形式的回环往复。节奏的把握应立足于作品的全篇和整体。首先应该考虑层次、段落的区别和联系,并落实于语气的衔接和转换。其次考虑声音的力度和速度。还要考虑句子的停连和转换等。朗读时运用节奏应从具体作品、具体层次、具体思想感情的运动状态入手。

精读

精读是一种为了达到对读物的充分理解而进行的阅读,也就是宋代教育家朱熹提过的要"字求其训,句索其旨"。精读要求逐字逐句,咬文嚼字,认真、仔细、精确地研读读物。具体地说,要求对文章的词、句、段、篇进行深入的分析和思考，对于词句，不仅要了解它表达的直接意义，还要领会它背后蕴涵的深刻含义；对于段落，不仅要概括大意，还要明确段落的结构以及在全篇中的地位；对于全篇，不仅要明了整体结构，还要理清文脉，领悟主旨。

精读训练应注意以下几点：

（1）全面理解，逐次研读。即逐字逐句、逐段逐章地去钻研，做到精细理解，全面把握。既要把握整体，又要了解细节，既要洞悉文章内容，又要品味艺术特色，从内容到形式上全面理解文章。

（2）仔细品味，融会贯通。即对文中的关键词句要推敲琢磨，以期透彻明了，全面领悟。要求反复涵泳，品味领悟文章语言运用的精妙所在，深化理解课文的思想和情感。

读思结合，边读边记。要求能够对文章所表达的思想内容和表达方式做出客观的衡量和判断，能够读有所思，读有所得。

（摘自朱绍禹《语文课程与教学论》，北京：高等教育出版社，2005年，第107、110页。摘录时有改动。）

20年代诗歌创作

【单元学习目标】

1. 了解新诗开创期的流变过程,把握新诗内部几次结构性的调整,了解早期白话诗的历史地位及艰难试验的历程。
2. 能够较自如地运用抒情性作品的基本理论分析诗作。

活动1 巩固对"抒情性作品"相关理论的掌握

【活动目标】

1. 熟练地掌握诗歌这一文学体裁的基本特征,熟练地掌握抒情性作品的概念、要素、特征、方法等基本理论。
2. 使学生明确可以从哪些角度评论诗歌。

【活动内容】

1. 学生根据童庆炳《文学理论教程》熟悉概念、原理。
(1)基本概念:抒情话语、抒情内容、抒情角色。
(2)基本原理:抒情性作品的结构构成,抒情的主要特征,抒情性话语的修辞方式,"一切景语皆情语"。
2. 检查学生对抒情性作品基本理论的把握情况。
3. 课堂提问:对于具体的诗歌作品,可以从哪些角度去进行分析、研究？（以此了解学生对诗歌这一基本文学体裁的把握情况。）

活动 2　了解现代诗歌的发生、发展过程

【活动目标】

1. 了解早期白话诗的发生、发展历程。
2. 明确早期白话诗的历史地位与价值。
3. 提升学生审美感悟能力，加强朗读的技能。

【活动内容】

1. 分组安排任务，分别负责：胡适的《尝试集》、"小诗"、湖畔诗派、政治抒情诗、格律诗派、象征诗派。
2. 要求：每组对相关内容做概括介绍，并朗诵两首有代表性的诗作（要求：制作幻灯片，幻灯片上有诗作原文，准备相应的配乐）。
3. 每组派代表在课堂上进行讲述和诗作诵读。（一人负责对诗歌流派做概述，并安排组内同学进行诗歌作品朗诵。）
4. 教师点评学生作业完成情况，并重点阐释：① 早期白话诗的发生、发展、流变过程。让学生从诗歌史的层面掌握中国现代新诗的产生和成形。② 早期白话诗的文学史价值。

活动 3　具体诗作的鉴赏、批评

【活动目标】

1. 通过具体诗作提高学生的诗歌感悟鉴赏能力。
2. 检查学生是否掌握运用理论工具分析作品的方法。

【活动内容】

1. 明确抒情性话语的修辞方式,分析冯至的作品《蛇》中所运用的一种修辞方式。
2. 查阅"象征"的相关理论,并论析诗作《弃妇》中"象征"手法的运用。
(以上两题任选其一,搭建论证结构。并以书面作业的方式提交至任课教师处。)

活动4 诗歌创作

【活动目标】

1. 通过诗歌创作提高学生的艺术感受能力和创作能力。
2. 通过具体的诗歌创作实践体会诗歌相关理论。

【活动内容】

诗歌创作:
1. 主题:独立选题。
2. 作品要求。
(1)思想健康,感情真挚,题材不限,需为原创。
(2)体裁限定为诗歌(创作现代诗)。
(3)行数不限,行列形式正确。
(诗歌行数不限制,作品要求从以下方面去构思创作:主题、情感、形象、韵律、节奏、结构、语言、修辞方式等。)
3. 教师从其中选择优秀的作品,由作者自己准备,并在课堂上进行配乐朗诵。（要求：制作幻灯片、幻灯片上有诗作原文，准备相应的配乐。）

4. 教师抽选学生对朗诵的诗作进行评析。（评析时尽量抓住诗作的某一点进行具体评析，不能笼而统之地从表面上做概括性的评价。）

【理论梳理】

1. 联系童庆炳编写的《文学理论教程》，分析《蛇》涉及的相关理论。

（1）文学作品的体裁：第九章第二节（文学作品的体裁）。

（2）文学的审美意识形态属性：第四章第二节（文学审美意识形态属性）。

（3）意象：第十章第四节（意象）。

（4）象征：第十二章第二节（抒情方式）。

（5）抒情角色：第十二章第二节（抒情方式）。

2. 联系童庆炳编写的《文学理论教程》，分析《弃妇》涉及的相关理论。

（1）形式内容化：第八章第三节（美的创造）。

（2）话语蕴藉属性：第四章第三节（话语蕴藉属性）。

（3）意象：第十章第四节（意象）。

（4）象征：第十二章第二节（抒情方式）。

【必读作品】

《蝴蝶》

《人力车夫》

《月夜》

《教我如何不想她》

《草儿在前》
《伊的眼》
《繁星》
《春水》
《夜》
《弃妇》
《死水》
《发现》
《采莲曲》
《再别康桥》
《雪花的快乐》

【参考文献】

[1] 杜荣根. 寻求与超越[M]. 上海：复旦大学出版社，1993.

[2] 冯文炳. 谈新诗[J]. 黄冈师范学院学报，2006（4）.

[3] 谈蓓芳. 由李金发的,《弃妇》》诗谈古今文学的关联[J]. 复旦学报（社会科学版），2002（1）.

[4] 方长安. 象征主义诗人——李金发[J]. 海南师范大学学报（社会科学版），2016（7）.

[5] 臧明华.《蛇》隐喻在现实语境中的转化——从现代文学史上几首相关诗作谈起[J]. 海南师范学院学报（社会科学版），2003（1）.

[6] 曹安娜. 冷与热凝结而成的艺术品——读冯至的《蛇》[J]. 名作欣赏，2004（12）.

[7] 蒋重母. 性隐喻的文体——冯至诗作《蛇》新解[J]. 名作欣赏，2014（17）.

【拓展思考】

1. 试析中国现代自由体诗歌与西方现代文学及思潮之间的关系。
2. 简要介绍20世纪20年代诗歌在形式上的探索及其经验总结。
3. 结合具体作品说明对"新诗散文化"的理解及其诗学意义。
4. 通过李金发的诗歌分析象征主义诗歌的艺术手法在中国的移植和再造。
5. 论析李金发诗歌中的"病态美"。
6. 论析李金发诗歌中的"弃妇"形象。
7. 论析李金发诗歌中的"黑夜"意象。

单元九
格律诗派

【单元学习目标】

1. 通过新月诗派的创作实践,理解其诗歌理论。
2. 明确新月诗派在新诗发展史上的地位和价值。
3. 了解现代知识分子身上与古代读书人一脉相承的文化心理结构和审美积淀。
4. 明确学术研究选题确定的基本方法,并初步了解学术研究选题形成的过程。

活动1 赏析闻一多的《死水》

【活动目标】

1. 体味闻一多诗作中丰富的情感形成的矛盾张力与沉郁的美学风格。
2. 了解闻一多身上与古代诗人一脉相承的文化心理结构和审美积淀。
3. 训练学生熟练掌握论证方法。

【活动内容】

课前准备:

1. 细读《忆菊》《发现》《一句话》《死水》等名作,并请每一组选择一首诗作进行诗歌朗诵。

2. 归纳新月诗派的诗歌理论。

3. 思考《死水》是怎样体现新月诗派的诗歌理论的。

  提示:

  (1)《死水》是如何体现新月诗派"理性节制情感"的美学原则的?(教师安排一两个学习小组负责这项内容。)

  ① 注意对"理性"的理解。

  ② 注意"理性节制情感"的美学原则下"和谐""匀齐"的美学追求。

  (2)联系《死水》阐释闻一多"三美"为标准的格律化主张。(教师安排,其他学习小组各负责"绘画美""音乐美""建筑美"中的一个内容。)

4. 提示学生在阅读中反复体味闻一多诗歌在中西文化冲突下的心理、情感、思想上的矛盾和痛苦。(还可深入探讨"东方主义"文化观与西方文化影响的现代感受是如何复杂地交织涌现于闻一多诗作中的。)

课堂讨论:

1. 任选两组学生朗诵诗作。

2. 课堂汇报交流。

(1)《死水》是如何体现新月诗派"理性节制情感"的美学原则的?

(2)联系《死水》阐释闻一多"三美"为标准的格律化主张。

活动2 分析闻一多诗作《死水》中的"绘画美"

【活动目标】

1. 训练学生收集、整理、分析资料的能力。

2. 学生巩固已掌握的论证方法,能够较自如地运用理论分析作品。

3. 明确学术研究选题确定的基本方法,并初步了解学术研究选题形成的过程。

【活动内容】

1. 查阅闻一多的相关资料,组内进行整理。(研究文章可不收集)。

2. 查找并整理国内外对相关论题的研究情况。

3. 分组展示各自整理的成果。

4. 精读作品《死水》,联系童庆炳《文学理论教程》第九章第二节"文学作品的体裁"和第十二章"抒情性作品"相关理论,确定一个研究论题。

5. 教师收集学生形成的论题,并选取其中有研究价值的,具有可操作性的论题,让学生本人陈述论题形成的过程。教师对该论题及形成过程做评议。

6. 研读论文:史言《闻一多新诗的色彩研究与孤独意识——以〈红烛〉〈死水〉为分析文本》(载于《江汉大学学报(人文科学版)》2010年第2期)。注意:分析论文的选题;论文是如何针对相关论题做学术史梳理的?论文是如何运用统计学研究方法对闻一多诗作中的色彩进行测量的?论文是怎样仅以闻一多诗作中的黑色为例分析诗歌的"绘画美",并深入挖掘色彩所蕴含的精神和文化内涵。这一部分作者是怎样运用心理学和色彩理论进行论析的?

活动 3　赏析徐志摩《雪花的快乐》

【活动目标】

1. 在阅读中整体感受诗作中的情绪和韵味,特别注意对诗歌音乐美的体会。

2. 通过具体诗作把握徐志摩诗独特的诗歌风格。

【活动内容】

课前任务：

1. 网上搜集作家作品和"新月派"的相关资料。

2. 找两至三篇写"快乐"的文章，如钱钟书《论快乐》、泰戈尔《尽量让自己快乐起来吧》。本项目潜在的目标为理解雪花的象征意义及其快乐所在。

3. 为这首诗筛选两至三首背景音乐并说明理由。本项目潜在的目标是对诗歌意境进行赏析。

4. 上网查找诗歌《雪花的快乐》的英译版，熟练朗读，并与中文版进行语感比较。本项目的目标是结合汉语言文学专业特点，理解诗歌的音乐美。

5. 熟读本诗与林徽因的《你是人间的四月天》，并且进行比较，说说自己更喜欢哪一首。本项目潜在的目标是对诗歌内容和形式的理解。

课堂交流：

1. 各组推选一名组员在课堂上解说、汇报项目完成情况，并由其他组同学进行点评。

2. 精读《雪花的快乐》，联系童庆炳《文学理论教程》第九章第二节"文学作品的体裁"和第十二章"抒情性作品"相关理论，说说可以从哪些方面分析《雪花的快乐》的"音乐美"。

【理论梳理】

联系童庆炳编写的《文学理论教程》，分析《死水》《雪花的快乐》涉及的相关理论。

（1）意境：第十章第三节（意境）。

（2）意象：第十章第四节（意象）。

（3）声与情：第十二章第二节（抒情性作品的构成）。

（4）景与情：第十二章第二节（抒情性作品的构成）。

（5）象征：第十二章第二节（抒情方式）。

（6）抒情角色：第十二章第二节（抒情方式）。

【运用理论分析作品示例】

分析诗作《死水》中的"音乐美"。

提示：

（1）熟悉诗歌理论"声与情的关系"，了解闻一多在《诗的格律》中对新诗音乐美的主张。

（2）《死水》中的音乐美。

① 从音组、节奏、押韵方面论析《死水》对格律的讲求。

② 从音组、节奏、押韵方面论析《死水》中讲求格律却并不拘泥于格律的风格。这使该诗在和谐、匀齐中又具有了灵动、跳跃之美。体现出闻一多在追求诗歌的音乐美时的主张"是要在一种规定的格律之内出奇制胜"，"和"中求"变"求"新"，也表现出闻一多对新诗创作大胆探索精神。

（3）声情并茂：讲求格律却并不拘泥于格律一方面体现出诗人内在的情感冲动，由诗人的情感组织安排诗行；另一方面，总体上诗歌在音乐上的整齐、讲求韵律，又反映出对情感的节制。声音的"和"中有"变"，情感的"扬""抑"结合，声与情相辅相成。

【必读作品】

《七子之歌》
《太阳吟》
《忆菊》
《也许》
《红烛》
《闻一多先生的书桌》
《一句话》
《色彩》
《死水》
《沙扬娜拉》
《夜半松风》
《我有一个恋爱》
《翡冷翠的一夜》
《偶然》
《再别康桥》
《我不知道风是在哪一个方向吹》
《天国的消息》

【参考文献】

[1] 蓝棣之. 现代诗的情感与形式[M]. 北京：人民文学出版社，2002.

[2] 龙泉明. 中国新诗流变论[J]. 中国现代文学研究丛刊，2000（4）.

[3] 董楚平. 从闻一多的《死水》谈到新格律诗问题[J]. 文学评论，1961（4）.

[4] 吴仁援. 新"声"奇"色"——从《死水》看闻一多诗

歌的"音"与"画"[J].上海大学学报（社会科学版），2000（2）.
[5] 李丹.感性形式与理性形式的交融——论闻一多《死水》的形式美[J].陕西师范大学学报（哲学社会科学版），2002（2）.
[6] 周仁政.《死水》与"好懂"的象征主义[J].福州大学学报（哲学社会科学版），2017（3）.
[7] 蔡志标.从《雪花的快乐》《山中》看徐志摩爱情诗的美学特征[J].惠州大学学报（社会科学版），1997（2）.

【拓展思考】

1. 梳理徐志摩与闻一多的格律诗理论。
2. 试述新月派对新诗诗形的建设。
3. 通过具体的诗作试述你对"主观情愫的客观对象化"的理解。
4. 通过《死水》看闻一多诗歌创作的艺术张力。
5. 分析《死水》中"死水"这一意象。
6. 举例说明闻一多与古代诗人一脉相承的文化心理结构。
7. 分析徐志摩诗作《我不知道风是在哪一个方向吹》的抒情视角。
8. 通过徐志摩的诗歌说明你对"格律诗是中西合璧的宁馨儿"的理解。

【学习资料】

如何确定论文的选题？

一、什么是论文的选题？

在科学研究中，"提出问题往往比解决问题更重要"（爱因斯坦）。选题即是在学术研究前，首先确定的所要研究的问题和对象，是提出有理论价值与现实意义，自己又有能力去解决的问题。论文的写作是学术性或研究性的，它必须注意到知识的空白或有分歧的地方。在学习中，常识性的或者是前人早已解决了的问题，虽然学生有疑虑之处，但是因为不具有学术价值，所以不能将其作为学术研究的选题。

二、选题主要遵从的原则

1. 开拓性

之前无人涉及的问题，或者已有的研究有待进一步深入、开拓、完善，或者在学术界有分歧的观点，通过研究辨析，并能形成相应结论的选题。

2. 必要性

选题应当针对学科发展或者社会发展需要，具有理论意义或现实意义。

3. 可行性

选题大小要适宜，难易程度和工作量要适当，选题尽量符合自身的素质特点和兴趣，可结合导师的专长，也要考虑资料的收集等情况，要充分考虑在限定时间内获得预期成果的可能性。

三、如何确定论文选题？

1. 问题意识的培养

在学习中要具有"问题意识"，所谓问题意识，即发现、认识问题的一种思想自觉，是针对问题的一种主观意识。可以从两方面培养"问题意识"：一方面学会批判性地学习，学生要努力实现学习的主体性，在学习中认真思考、分析所学内容，发现其中的空白及疑点，培养大胆质疑的精神；另一方面，学会用问题形成学习的方向，带着问题进行资料的查寻、整理和分析，学习的内容和过程是根据解决问题的方向发展和推进。正是在学习中对"空白"的发现，对既有内容的质疑和思考，或者受到别人的启发而激活自己的思考，形成新的问题，这些问题均可成为之后学术研究选题的重要来源。

2. 资料的积累

学生通过平时的学习大致确定学术研究的范围和方向之后，就需要对其涉及的学科和研究领域做学科史或学术史梳理：前人提出过哪些相关的问题？问题解决的情况如何？已经有哪些研究成果？这些问题的解答是否还存在分歧？——必须避免事先不做积累和准备，仅仅凭兴趣或主观臆想确定某个题目，形成无效选题。充足的资料基础，便于选题的形成，而且，参考和使用的资料是否足够，也对后期的论文撰写有较大的影响。具有较完备的资料才可能避免由于不了解情况，而对前人的研究进行无意义的重复论证。掌握且熟悉相关理论资料，则有助于建立研究范式。

3. 选题的发掘

大学中文本科的学生在进行学术研究时，主要发掘以下两类选题。

（1）前人从未研究或较少研究过的问题。

中国现代文学很多内容都被前人分析论证过，特别是经典作家、作品，更是已经研究得比较透彻。比如沈从文研究，通过 CNKI 数据库检测到仅 2018 年就有 173 篇论文，关于张爱玲的研究，2018 年就有 150 篇论文。但是随着社会时代的发展和人类认识的不断提高，对中国现代文学中各种即存的文学现象，会有开拓性的发现，随着研究的更加深入与全面，生发出更多新的问题。比如沈从文在短短几年就有十几部戏剧作品，但对他的作品研究多集中于小说、散文，诗歌次之，对其戏剧的研究非常少。这就成为学生选题形成的可能。又如六七十年来，学界关于"赵树理方向"的研究成果丰硕，就有学者专门将"'赵树理方向'的研究"作为单独文学史现象进行研究，开拓了新的研究领域。另外，学生们来自不同的地方，曾经生活在不同的文化环境中，所以，除了进行中国现代文学学科方面的研究，还可以进行地域、民族文化、文学方面的研究，其中很多可以通过田野考察获得第一手资料，并形成新的课题。选题虽然具有较高的学术价值，但是由于学界关注少，参考资料的收集也就更有难度。

（2）前人研究不深入、不全面、不完善，还需更加深入完整地进行分析研究。

这一类选题，要在别人研究的基础上作适当地补充、丰富和发展。或者以新的材料，或者运用新的理论工具，或者以新的研究视角形成学术突破。而且随着研究的深入全面，将会生发出更多新的问题。比如《试论赵树理小说的喜剧美》（《晋阳学刊》1982年第6期）一文的作者黄建国在论文中从人物塑造和讽刺艺术两个方面分析赵树理小说的喜剧美，之后，他又在《再论赵树理小说的喜剧美》（《河北大学学报》1985年第2期）一文中就其他几个问题进行分析：富有浓厚的幽默感；大团圆式的结局；小说的语言。另外，如刘荣华的《解读沈从文〈长河〉的文化批评》（《名作欣赏》2013年第34期）认为沈从文揭示了以现代文化、以"现代"之名改变了原有的与自然和谐统一的集体心理和文化习俗，同时破坏社会心理秩序，进而带来新的精神扭曲。不久，周仁政继续讨论沈从文对现代文化的态度，其论文《沈从文的"现代"忧惧——〈长河〉纵论》（《武汉大学学报》2014年第1期）认为沈从文在作品中表现的"现代"的忧惧实质是指涉那种摧枯拉朽的革命政治。

另外两种选题对本科学生而言，要求较高，难度较大。一种是学术界仍存在分歧的问题。研究视角、运用的材料或者研究方法造成学术观点有所差异，学界在同一个问题上持有不同的意见。这一类课题也具有学术价值，但是需要先对各种不同的意见进行梳理；再进行比较、鉴别，找出争论的实质或焦点；能够通过新的视角或以新的材料、新的理论工具进行研究，形成自己的观点或看法。另外，可以对之前的研究进行纠正或补充，从而形成新的观点结论。对于跨学科及做比较文学研究的课题，这类选题对学生知识的积累、资料的占有、涉及的各学科的理论方法、学生的综合能力都有较高要求，更需要学生早做准备、量力而行。

4. 多模仿、多练习

学生可以多阅读优质的论文,并从论文以及论文的"摘要""导言""结论"中去领会、把握研究的视角,学习选题的方法和技巧。另外,本科生应该加强论文的写作训练,在学中用,在用中学。具体在选题方面,可以在平时的学习和生活中动脑筋,积极发现问题,培养自己的问题意识和置疑能力;对于常识性问题,能够通过自我学习分析问题,解决问题,那么就可以培养和锻炼自己收集整理材料的能力、分析解决问题的能力;而对于"知识的空白",即教师、教材以及其他资料都未曾解决的问题就可能成为研究的课题。

四、在选题的基础上形成论文的题目

论文的题目一般只表明论文的研究对象,明示论文内容,不用表达作者观点或研究结论。

论文题目用语要明确、简练、醒目,突出新颖性、学术性。题目中尽量少用生僻的缩略语或符号。对题目的字数无"硬性"规定,但是,不能一味追求字数少,有时宁可多用几个字,也要力求表达准确。

参考文献

[1] 温儒敏. 中文学科论文写作训练[M]. 北京:北京大学出版社,2015.
[2] 陈军. 谈中文本科毕业论文的选题技巧——以中国现当代文学为例[J]. 淮阴师范学院学报(自然科学版),2013(2).

单元十 成形期的散文

【单元学习目标】

1. 了解初期白话散文的创作实绩。
2. 明确散文文体的特征,以此把握作品主旨。
3. 通过具体作品的评论,把握本阶段代表性的散文创作风格。

活动1 鉴赏20年代散文精品

【活动目标】

1. 阅读20年代代表性散文作品,重视学生的阅读体验。
2. 对具体散文作品的风格的把握。

【活动内容】

课前准备:
周作人:《故乡的野菜》《喝茶》《苦雨》《北京的茶食》
俞平伯:《桨声灯影里的秦淮河》
冰心:《往事》其二之八、《山中杂记》之七、《寄小读者——通讯七》
朱自清:《背影》《荷塘月色》《给亡妇》
郁达夫:《屐痕处处》

课堂讨论：

1. 每位学生选择五四散文中的一篇作品，先在课外自行诵读。
2. 各学习组推选一名成员准备在课堂上朗诵，要求：朗诵内容限制在 5 分钟左右，制作幻灯片、幻灯片上有诗作原文，并有相应的配乐。
3. 学生进行课堂朗诵。

活动 2　教案设计——以朱自清散文《荷塘月色》为例

【活动目标】

1. 培养学生搜集、处理信息的能力。
2. 通过教案设计及课堂讲授，使学生提升读、说、写的专业技能，也对朱自清的汉语言文学创作的价值和特色有一个较为深入、具体的把握。

【活动内容】

1. 由于朱自清散文《荷塘月色》是被选入中学课本，学生可参考别人设计的《荷塘月色》的教案，可以先初步了解教案的设计要求和方法。
2. 针对朱自清散文《荷塘月色》，查阅资料，整合信息：各组成员收集资料并利用课外时间做信息整合。
3. 各组共同设计一个课时的教案，教案内容：课文分析。
4. 教师于课堂上抽选小组代表作课堂讲解。
5. 请同学当堂评课，教师点评。

活动 3　论析周作人散文的"闲话体"创作风格

【活动目标】

1. 对周作人的散文创作风格有所把握。
2. 培养学生对历史现象、历史人物能做到客观、辩证地分析、评价。

【活动内容】

1. 收集周作人的相关资料。
2. 教师课堂抽查学生对该作家的了解和把握。
3. 引导学生对周作人进行客观、辩证地分析、评价。
4. 有人评价周作人的散文是"富有艺术意味的闲谈"。周作人散文的基本体式是"闲话体",请联系义学风格的相关理论,通过作者的创作具体阐释你对周作人"闲话体"的理解。

【理论梳理】

联系童庆炳编写的《文学理论教程》,分析《给亡妇》《荷塘月色》涉及的相关理论。
（1）文学言语层：第十章第一节（文学文本层次）。
（2）意境：第十章第三节（意境）。
（3）抒情角色：第十二章第二节（抒情方式）。
（4）抒情自我与社会：第十二章第一节（抒情界定）。
（5）文学风格（流派）：第十三章第四节（文学风格与文化）。
2. 联系童庆炳编写的《文学理论教程》,分析《故乡的野菜》涉及的相关理论。
（1）文学的体裁：第九章第二节（文学的体裁）。

(2)抒情话语:第十二章第二节(抒情性作品的构成)。
(3)文学风格:第十三章第二节(文学风格的定义)。

【必读作品】

《故乡的野菜》
《喝茶》
《苦雨》
《北京的茶食》
《桨声灯影里的秦淮河》
《往事》其二之八
《山中杂记》之七
《寄小读者——通讯七》
《背影》
《荷塘月色》
《给亡妇》
《屐痕处处》

【参考文献】

[1] 俞元桂. 中国现代散文理论[M]. 广西:广西人民出版社,1983.

[2] 佘树森. 中国现当代散文研究[M]. 北京:北京大学出版社,1993.

[3] 刘纳. 五四新文学中的散文[J]. 海南师院学报,1992(2).

[4] 贺根民. 朱自清的陶渊明情结[J]. 河北师范大学学报,2014(1).

[5] 罗成."借镜西方"与"本来面目"——朱自清文学鉴赏观念的理论取径及其思想意涵[J]. 文学理论研究,2017(2).

[6] 文贵良.周作人:国语改造与理想的国语[J].杭州师范大学学报(社会科学版),2017(1).

[7] 徐从辉."人"的重建:周作人笔下的"兽""人""鬼""神"形象[J].浙江师范大学学报(社会科学版),2017(3).

[8] 齐宇冲."人的文学"与周作人的生活美论[J].文艺争鸣,2017(7).

[9] 哈迎飞.论中国现代作家的灵魂思考及文学书写——从鲁迅、周作人到杨绛[J].广州大学学报(社会科学版),2016(3).

[10] 徐小凤.平和舒淡的笔致悠远隽永的情思——也读周作人的《故乡的野菜》[J].名作欣赏,2010(1).

[11] 王艳云.明妙的情思幽隽的文体——周作人《故乡的野菜》解读[J].名作欣赏,2010(10).

[12] 石坚.在沙漠里寻求润泽的心情——读《故乡的野菜》[J].名作欣赏,2010(10).

【拓展思考】

1. 朱自清写于1928年的《〈背影〉序》是一篇值得重视的文章。朱自清探寻了散文发达的"历史的原因":"中国文学向来大抵以散文学为正宗,散文的发达,正是顺势。而小品散文的体制,旧来的散文学里也尽有,只精神面目,颇不相同罢了。"他同时表示:"对于'懒惰与欲速'的人,它确是一种较为相宜的体制。"你是否认同朱自清的观点?为什么并未被新文学倡导者看重的散文,却成功超越了其他文体?

2. 运用"景与情"的相关理论,分析朱自清的散文《荷塘月色》。

3. 试评周作人散文的"涩味"。

4. 通过具体的散文创作,说说你对"闲话体"与"独语体"两种不同散文体式的理解。

单元十一

30 年代文学运动与思潮

【单元学习目标】

1. 对 30 年代的文艺运动发展有大概的了解。
2. 锻炼自主学习的能力，归纳、整理信息及材料的能力。
3. 锻炼学生思辨、表达能力。

活动 1　梳理中国现代无产阶级文学的发展历程

【活动目标】

1. 明确中国现代无产阶级文学的发展历程。
2. 锻炼自主学习的能力，归纳、整理信息及材料的能力。
3. 加强学生在文学学习中的史学意识和史学能力。

【活动内容】

1. 课前每位学生根据教材《中国现当代文学史》查阅中国现代无产阶级文学的相关内容。
2. 明确无产阶级文学产生的原因；了解 20 年代无产阶级文学的发生，30 年代无产阶级文学的成熟，40 年代无产阶级文学的发展。各学习小组进行组内讨论并进行整理，将整理后的结果形成书面文稿。

3. 任课老师做总结归纳，两个学习小组交换批改手中的讨论稿。

活动2　辩论赛：政治与文学之间

【活动目标】

1. 深入把握文学与政治的关系。
2. 锻炼学生的思辨能力和口头表达能力。

【活动内容】

文学与政治关系是百年文论中的一个关键问题，对于它的不同理解与实践，造成了百年文学的跌宕起伏。鉴于历史的原因，这个命题曾经过度依赖权威进行论证，从而限制了研究的视域，以至我们不能深入理解这种关系的复杂性；尤其是学界长期未能建立审美性的理解维度，从而导致文学的全面政治化，阻碍了文学的创造性发展。探究文学与政治的关系，勾勒文学与政治关系的论争史，认识文学性质的独特性，将会正确理解文学与政治的关系，并且有助于理解现当代文学创作对于政治的介入价值。

1. 所有同学自行查阅相关资料，了解辩论赛的基本要素、规则、辩论程序。每两个学习组推荐一位同学，由推荐出的同学组成辩论赛组委会。
2. 辩论赛组委会负责辩论赛具体策划。
3. 确定辩题、主持人、评判人员及参赛人员。除参赛人员外班上其他学生分为两个大组，分别为两个参赛组提供资料。
4. 在教师协助下安排辩论赛。

5. 对本次辩论赛做总结。总结涉及文艺与政治的关系、辩论赛中的收获及问题。

6. 教师播放辩论赛视频。

活动3 30年代主要的文艺论争

【活动目标】

1. 了解30年代"两大文艺思潮"相互对立与渗透的基本情况。
2. 培养学生辩证地看待和解决问题的思维习惯。

【活动内容】

1. 认真阅读教材,并填写下表。

派别	代表人物	主要观点	评价

2. 检查学生完成情况,并由个别学生发言分享观点。

3. 教师小结:提示学生不仅了解30年代各文艺派别之间的相互对立,还应该注意文艺思潮之间相互的渗透。

【拓展思考】

1. 总结30年代文学发展的总体特征。

2. 论述中国左翼文学思潮的内在差异性。

3. 左联与胡秋源(苏汶、论语派、新月派)的论争及历史反思。

4. 左翼作家与"抗战无关论"(京派、战国策派)的论争及历史反思。

5. 简述左联的"革命的浪漫谛克"。

单元十二 茅盾

【单元学习目标】

1. 阅读《子夜》,了解茅盾开创的新的文学范式"社会剖析小说"。
2. 明确茅盾在文学史上的地位。
3. 通过规范的科研论文示范,让学生了解学术论文写作的基本要求和方法。

活动 1　通过《子夜》理解茅盾创立的"社会剖析小说"

【活动目标】

1. 把握"社会剖析小说"的特征。
2. 加深"社会剖析小说"代表作品《子夜》在内容和形式方面的理解。

【活动内容】

1. 阅读教材,大致了解什么是"社会剖析小说"。
2. 明确茅盾"社会剖析小说"的基本特点是什么。
3. 论述题:阅读《子夜》,并分析《子夜》是怎样体现社会剖析小说的基本特点的。

活动2　论文研读

【活动目标】

1. 阅读与作品《子夜》相关的科研论文，更加具体、深入地把握作品。
2. 通过规范的科研论文示范，让学生明确论文写作的基本要求和方法。

【活动内容】

1. 学生查阅《子夜》的相关评论研究，并网上提交其中的一篇。
2. 教师检查学生查阅的论文是否规范，并讲解查阅高品质论文的方法。
3. 教师提供一篇规范、优质的论文：龙其林、赵树勤《茅盾自然主义的创作实践与认同危机——以〈子夜〉为中心》，要求学生进行论文研读，并完成以下任务。
（1）在论文中标示出论文的基本构成，并对照摘要、关键词的写作要求，研读论文的摘要、关键词。
（2）论文的论题是什么？国内外有没有与该论题相关的研究？如果有，请梳理。
（3）论文运用的基本理论是什么？
（4）拟写论证的逻辑框架。
（5）在论文中标示出使用的论证方法。
（6）注意论文语言的特点。

（7）注意参考文献的格式。

活动 3　联系理论论析具体作品

【活动目标】

1. 培养学生的问题意识、锻炼学生的质疑能力。
2. 培养学生收集、整理、分析材料的能力。
3. 培养学生运用具体的理论和方法解决问题的能力。

【活动内容】

1. 精读茅盾的长篇小说《子夜》。
2. 查阅作家作品的相关资料。
3. 针对小说《子夜》，拟定一个论题。
4. 老师评审学生提交的论题，并选择其中深度、难度和可行性结合较好的论题提供给学生，学生根据该论题，形成论证框架，拟写论文提纲。有能力、有兴趣的学生可以以此进行论文写作。（要求：① 学生寻求恰当的理论，并运用理论进行论证、分析；② 按照论文的基本格式进行论文写作。）
5. 教师对学生拟写的提纲做点评。

【理论梳理】

联系童庆炳编写的《文学理论教程》，分析《子夜》涉及的相关理论。

（1）文学典型：第十章第二节（文学典型）。

（2）结构：第十一章第二节（叙事内容）。

（3）行动序列：第十一章第二节（叙事内容）。
（4）故事时间：第十一章第三节（叙事话语）。
（另外，学生还可联系以下理论对作品进行分析：悲剧、自然主义、革命现实主义、象征。）

【必读作品】

《子夜》
《春蚕》

【参考文献】

[1] 茅盾.《子夜》是怎样写成的[J]. 战时青年月刊，1939（3）.（该文最初发表于1939年6月1日《新疆日报·绿洲》，原题为《茅盾谈〈子夜〉是怎样写成的》。）

[2] 乐黛云.《蚀》与《子夜》的分析比较[J]. 文学评论，1981（1）.

[3] 盛翠菊. 从《子夜》到《农村三部曲》——论茅盾小说全面把握中国社会形态的努力[J]. 文艺理论与批评，2015（4）.

[4] 张霞. 论茅盾创作《子夜》的心理背景[J]. 四川师范大学学报（哲学社会科学版），2003（1）.

[5] 曹万生. 茅盾的市民研究与《子夜》的思想资源[J]. 西南民族大学学报（人文社科版），2006（18）.

[6] 文宗理. 从感性的热烈到理性的冷峻《蚀》与《子夜》的比较并兼及茅盾评价[J]. 山东大学学报（哲学社会科学版），2008（6）.

[7] 周仁政. 逻辑理性建构与茅盾《子夜》的革命叙事[J]. 湖南师范大学社会科学学报，2016（6）.

[8] 龙其林.茅盾自然主义的创作实践与认同危机——以《子夜》为中心[J].理论月刊,2017(2).

【拓展思考】

1. 梳理茅盾文学理论的主要观点。
2. 以茅盾《子夜》为例阐释社会剖析小说的特征。
3. 试析茅盾创作《子夜》的思想资源。
4. 试析茅盾《子夜》中资本家形象(小资产阶级女性形象)。
5. 运用叙事学相关理论论析茅盾《子夜》的结构艺术。
6.《子夜》中吴荪甫悲剧及其悲剧成因。
7. 试析茅盾《子夜》中的心理描写。
8. 分析《子夜》中象征主义手法的运用。

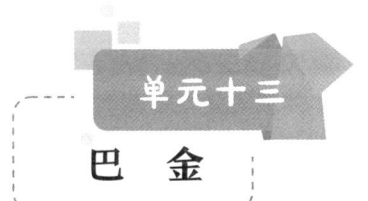

单元十三 巴金

【单元学习目标】

1. 领略巴金如何以简单、酣畅的笔法形成以情动人的风格与感召力。
2. 明确巴金在文学史上的地位。
3. 通过规范的科研论文示范,让学生了解论文写作的基本要求和方法。

活动 1 作品诵读

【活动目标】

1. 认识和体会巴金小说的情绪格调和艺术特色。
2. 培养学生的审美体验能力。

【活动内容】

1. 请同学摘选巴金《家》或《寒夜》中打动自己的 1~2 个片段。
2. 学习小组各成员简要介绍自己摘选的片段,品鉴其中蕴含的思想和情感,说明选取这一片段的理由。

3. 配乐诵读。

活动2　论文研读

【活动目标】

1. 通过研读与作品《家》相关的科研论文，更加具体、深入地把握作品。
2. 通过规范的科研论文示范，让学生明确论文写作的基本要求和方法。

【活动内容】

1. 学生查阅《家》的相关评论研究。
2. 教师检查学生查阅的论文是否规范，并讲解查阅高品质论文的方法。
3. 教师提供论文：周立民《"家"与"街头——巴金叙述中的"五四"意象》(《中国现代文学研究丛刊》，2010年第3期)，要求学生进行论文研读，并完成以下任务。
（1）在论文中标示出论文的基本构成，并评判其中的摘要、关键词内容是否得当，参考文献格式是否规范。
（2）论文的论题是什么？国内外有没有与该论题相关的研究？如果有，请梳理。
（3）论文运用的基本理论是什么？
（4）拟写论证的逻辑框架。
（5）在论文中标示出使用的论证方法。
（6）注意论文语言的特点。

活动 3　联系理论论析具体作品

【活动目标】

1. 培养学生的问题意识、锻炼学生的置疑能力。
2. 培养学生收集、整理、分析材料的能力。
3. 培养学生运用具体的理论和方法解决问题的能力。

【活动内容】

1. 精读巴金的长篇小说《家》。
2. 查阅作家作品的相关资料。
3. 针对小说《家》，拟定一个论题。
4. 老师评审学生提交的论题，并选择其中深度、难度和可行性结合较好的论题提供给学生，学生根据该论题，形成论证框架，拟写论文提纲。有能力、有兴趣的学生可以此进行论文写作。(要求：① 学生寻求恰当的理论，并运用理论进行论证、分析；② 按照论文的基本格式进行论文写作。)
5. 教师展示自己拟定的提纲，并对学生写的提纲作点评。

【理论梳理】

联系童庆炳编写的《文学理论教程》，分析《家》涉及的相关理论。

（1）文学典型：第十章第二节（文学典型）。
（2）结构：第十一章第二节（叙事内容）。
（3）行动序列：第十一章第二节（叙事内容）。
（4）故事时间：第十一章第三节（叙事话语）。

（5）叙事者声音：第十一章第四节（叙事动作）。

（另外，学生还可联系以下理论对作品进行分析：悲剧、现实主义、象征。）

【必读作品】

《家》
《寒夜》
《随想录》

【参考文献】

[1] 陈思和.人格的发展·巴金传[M].上海：上海人民出版社，1992.

[2] 范伟.出走与回"家"——巴金人格的精神困境[J].东方论坛，2001（3）.

[3] 刘海洲.《家》的解构与重建——巴金家庭题材小说的现代性追求[J].成都大学学报（社会科学版），2009（5）.

[4] 周立民."家"与"街头"——巴金叙述中的"五四"意象[J].中国现代文学研究丛刊，2010（3）.

[5] 张宇."花园"往事追忆与革命姿态——重读巴金的《家》[J].中国现代文学研究丛刊，2010（3）.

[6] 刘园.现代性别权力关系的隐形书写——对巴金《家》中主仆爱情关系的分析[J].海南大学学报（人文社会科学版），2015（4）.

【拓展思考】

1. 试析无政府主义文化思潮对巴金前期小说创作的影响。

2. 试论巴金小说中的"家族"叙事及其文化意蕴。
3. 探析巴金《家》中"觉新"的原型。
4. 分析巴金《家》中的女性形象。
5. 梳理并分析巴金《家》中年节习俗的描写。
6. 联系《家》分析巴金的语言特色。
7. 对照阅读靳以的《猫》和巴金的《小狗包弟》并进行比较。
8. 试论《随想录》中的忏悔意识。
9. 试论《随想录》的历史文化价值及美学价值。
10. 试论《随想录》的语言特征。

单元十四 老舍

【单元学习目标】

1. 明确老舍的文学史地位。
2. 学生能较熟练地运用具体理论分析作品。
3. 通过观看经典影片《骆驼祥子》,让学生体味不同艺术门类独特的表现形式。

活动1 论析《骆驼祥子》中祥子的悲剧

【活动目标】

1. 明确老舍对城市文明病与人性关系的关注。
2. 明确老舍在现代文学史上的地位。
3. 能较熟练地运用具体理论对作品进行论析。

【活动内容】

根据黑格尔的悲剧理论论析《骆驼祥子》中祥子的悲剧。
1. 课前准备。
(1)查阅悲剧相关理论文献,了解黑格尔的悲剧理论。
(2)查阅资料,利用学术搜索引擎搜索与选题有关论文。
(3)选定与该论题相关的规范论文一篇,细读并草拟该篇论文的提纲。仔细分析论文作者是通过哪些论据论证相应的论点的。

2. 课堂分组讨论并推选一位代表在班上做汇报。

3. 教师小结。

活动2 老舍作品的"京味"

【活动目标】

1. 明确老舍独特的创作风格。

2. 明确老舍的小说是"京味"小说的源头,了解其他"京味"小说。

3. 锻炼语言表达能力。

【活动内容】

1. 课前阅读《柳家大院》,小组成员在课外自行思考《柳家大院》中体现出的"京味";每组查阅一篇"京味"小说,以备课堂介绍。

2. 《柳家大院》中,老舍的"京味"体现在哪些方面,并以作品中的具体内容为证。以组为单位收集组员的答案并进行整理。

3. 课堂上各组由一位成员汇报整理出的最终答案;另一成员介绍一篇查找到的"京味"小说。

4. 教师总结。

活动3 影片《骆驼祥子》片段配音比赛

【活动目标】

1. 了解不同艺术的独特表现形式。

2. 发掘学生的语言表达潜力，训练学生的艺术模仿能力。

【活动内容】

各组可任意选择影片《骆驼祥子》（导演：凌子风，编剧：凌子风/老舍，主演：张丰毅/斯琴高娃）中的片段进行模仿配音。

要求：

（1）各组自行制作相应的消音视频；确定视频播放人员。

（2）课堂上各组先播放需要配音的原声视频，然后现场进行配音表演。

（3）评分细则：（共100分）

① 表达能力和表演风格。（40分）

依据配音人员的语音语调和配音节奏是否正确得当以及表演风格进行总体评分。

② 剧情表现力。（30分）

依据配音人员对剧情把握是否合理，剧中人物性格特点和心理特征是否充分表现进行总体评分。

③ 团队配合/个人应变能力。（15分）

A. 根据参赛队员之间的配合默契程度进行评分。

B. 若为单人选手，此处考察个人应变能力并打分。

④ 片段难度以及影片内容。（15分）

依据所选影片内容是否富有特色以及影片配音的难度进行评分。

⑤ 时间限制：影片配音时间在5分钟以内。每超过1分钟扣2分。

【理论梳理】

联系童庆炳编写的《文学理论教程》，分析《骆驼祥子》涉及的相关理论。

（1）文学典型：第十章第二节（文学典型）。
（2）意境：第十章第三节（意境）。
（3）结构：第十一章第二节（叙事内容）。
（4）行动序列：第十一章第二节（叙事内容）。
（5）故事时间：第十一章第三节（叙事话语）。
（6）叙事者声音：第十一章第四节（叙事动作文学）。
（7）风格：第十三章第二节（文学风格的定义）。
（另外，学生可联系以下理论对作品进行分析：悲剧、幽默、现实主义、存在主义。）

【运用理论分析作品示例】

就美学范畴而言，马克思、恩格斯经典悲剧理论："历史的必然要求和这个要求的实际上不可能实现之间的矛盾。"悲剧理论的内容主要有两点：第一，悲剧冲突必须具有历史的真实性。第二，悲剧主人公应该具有历史的合理性，体现历史的必然要求。根据这一理论,联系作品《骆驼祥子》,说明祥子是否为悲剧形象？

提示：

1. 祥子的悲剧

（1）老舍是一位伟大的现实主义作家，他真实再现了转型期社会，尤其底层社会及"乡土"中国社会现代性变革中小市民阶层的命运、思想与心理。（第一，悲剧冲突必须具有历史的真实性。）

（2）祥子有战胜苦难成为生活的强者的可能：理想、身体、性格、品质。

（3）历史的必然要求和这个要求的实际上不可能实现。

① 环境：时代、社会、文化（传统劣性文化、现代物欲文化）。

② 个人：怯懦、鲁莽、孤立自守。

③ 婚姻。

2. 如何呈现悲剧

（1）以冷静、严峻的笔墨展示日常生活。

（2）几乎无事中或出人意料处挖出悲剧。

（3）以人的"歹活"作结。

（通过表现祥子几经挣扎、搏击但终究毁灭的经历遭际，揭示了作品的悲剧性；而通过对祥子的理想与追求、生活目的和美好人生、健壮的身体、正面人性都遭到毁灭。精神堕落、身体损毁的刻画、呈示，丧失信心之后精神无助强化了悲剧意识，更加显示出了作品真实、客观的悲剧美学效果。）

3. 悲剧的思想意蕴

（1）社会学视角：真实反映旧中国城市底层市民的苦难生活。

（2）文化学视角：对城市文明病与人性关系的探讨。

（3）哲学视角：对于人性与命运的深刻体察。

（作者流露的悲观情绪显示出作者还没有能从更高的思想高度认识这样的悲剧，未能在悲痛中给人以振奋和鼓舞，给作品的悲剧性带来了一些思想局限。）

【必读作品】

《骆驼祥子》
《柳家大院》
《月牙儿》

【参考文献】

[1] 老舍. 我怎样写《骆驼祥子》[J]. 中华活页文选（初三版），2009（1）.
[2] 樊骏. 论《骆驼祥子》的现实主义[J]. 文学评论，1979（1）.
[3] 关纪新. 老舍与北京[J]. 兰州大学学报，2006（4）.
[4] 张丽军."恋身""失身""洗身"与"毁身"——论祥子身体的自恋与毁灭[J]. 民族文学研究，2008（2）.
[5] 张丽军. 论老舍的城市底层叙述[J]. 文学评论，2010（3）.
[6] 江腊生.《骆驼祥子》的还原性阐释[J]. 文学评论，2010（4）.
[7] 王桂妹.《骆驼祥子》虚假的城乡结构[J]. 文艺争鸣，2011（15）.
[8] 陈秋露. 从《骆驼祥子》看老舍语言的京味特色[J]. 文学界（理论版），2012（1）.
[9] 冯波.《骆驼祥子》中的双重乡愁与老舍的跨文化焦虑[J]. 东南大学学报（哲学社会科学版），2017（1）.

【拓展思考】

1. 联系具体作品论述老舍小说中的国民性改造。
2. 联系具体作品论述老舍小说对文化批判与民族性问题的格外关注。
3. 通过《骆驼祥子》谈谈老舍对现代文明病源的探索。
4. 联系具体作品，试析老舍创作的"京味"。
5. 联系具体作品，试析老舍创作的"幽默"。
6. 通过具体作品，试析老舍小说中的北京民俗描写。
7. 试析老舍创作中老派市民及其文化内涵。

单元十五 沈从文

【单元学习目标】

1. 明确沈从文在文学史上的贡献：① 创造了寄寓自然、健康和谐人性的"湘西世界"，以文学形式探讨健全的"生命形式"。② 创造了极富诗意的抒情小说文体。

2. 学习本章偏重于文学鉴赏能力的培养，并在此基础上培养学生的问题意识，拓展学生的思维。

3. 引导学生巩固主要的阅读方法和技能，锻炼学生的阅读能力。

活动1 阅读作品

【活动目标】

1. 通过阅读指定作品，初步感受沈从文笔下的"湘西世界"和与之对照的"都市文明的世界"，体验其文学形式构建的健全的"生命形式"。

2. 巩固已掌握的阅读方法和技巧，培养阅读能力。

【活动内容】

课前准备：

1. 精读《边城》，品读《萧萧》《丈夫》《八骏图》《绅士的太太》。

2. 每组自行选择《边城》中的段落，并制作相应的幻灯片（画面），配乐，进行朗诵训练。（要求：脱稿朗诵）

3. 每组制作朗诵评分标准，并推选一名成员，组成班上的评审团。

课堂讨论：
1. 各组朗诵《边城》中的精彩章节，思考《边城》的主题。（提示：阅读沈从文的作品要特别注重审美体验，注重牧歌情调所带来的所谓的"情绪的体操"。）
2. 评审团对各组的朗诵打分，并做点评。

活动2　研究《边城》的主题

【活动目标】

1. 把握沈从文对"人生形式"的思考，理解其处于左翼文学与海派文学之外，以地域的、民族的文化历史角度，去思考和表现现代文学进入中国的初始阶段的问题与困扰。

2. 锻炼学生收集、整理、分析资料的能力，培养学生的思辨能力。

【活动内容】

1. 阅读教材《中国现当代文学史》（上）（曹万生主编）的第十八章第二节，查阅关于沈从文《边城》主题思想的研究论文。

2. 梳理以上资料，整理归纳《边城》的思想内涵。

3. 你认为《边城》的主题是什么？请说明理由。

活动 3　针对《边城》的研究，拟定选题

【活动目标】

1. 培养学生的问题意识，提高学生的置疑能力。
2. 训练学生搜集整理资料的能力。

【活动内容】

1. 精读《边城》，并在活动 2 收集资料的基础上，继续查寻《边城》的相关资料。
2. 针对《边城》拟定一个论题。
3. 教师审查学生所草拟的论题，教师选择其中有价值、可操作性强的论题，并确定 3~5 个论题。
4. 每个学生在教师所拟论题中选择一个填写下表：

专业		班级		姓名	
论文（设计）题目					
一、本论题国内外研究动态					
二、本论题的研究意义					
三、主要参考文献					

【理论梳理】

联系童庆炳编写的《文学理论教程》,分析《边城》涉及的相关理论。

(1)文学言语层:第十章第一节(文学文本层次)。

(2)意境:第十章第三节(意境)。

(3)文学风格:第十三章第二节(文学风格的定义)。

(另外,学生可联系以下理论对作品进行分析:意象、抒情、复调小说。)

【必读作品】

《边城》

《萧萧》

《八骏图》

【参考文献】

[1] 沈从文. 从文自传[M]. 北京:北京十月文艺出版社,2008.

[2] 凌宇. 沈从文传[M]. 北京:东方出版社,2009.

[3] 刘洪涛. 沈从文小说新论[M]. 北京:北京师范大学出版社,2005.

[4] 王珞. 沈从文评说八十年[M]. 北京:中国华侨出版社,2004.

[5] 刘洪涛. 《边城》牧歌与中国形象[J]. 文学评论,2002(1).

[6] 温泉. 近十年沈从文《边城》研究述评[J]. 涪陵师范学院学报,2006(4).

[7] 张文东. 传奇、传统与《边城》想象——论沈从文"湘西小说"中的"传奇"叙事[J]. 中国文学研究,2008(1).

[8] 杨玉珍.《边城》的民族伦理与性别叙事[J]. 吉首大学学报（社会科学版），2012（6）.
[9] 闫晓昀. 论《边城》的意象选择及其叙事功能[J]. 烟台大学学报（哲学社会科学版），2014（3）.
[10] 商昌宝. 对汪曾祺误读《边城》的辨析[J]. 中国现代文学研究丛刊，2014（10）.

【拓展思考】

1. 试联系具体作品从民俗审美角度分析沈从文创作的楚文化色彩。
2. 试联系具体作品分析沈从文的生命美学观。
3. 通过沈从文的创作阐释京派的艺术特征。
4. 以《边城》为例论述沈从文笔下的"湘西世界"及其构建意义。
5. 这世界或有在沙基或水面上建造崇楼杰阁的人，那可不是我，我只想造希腊小庙。选小地作基础，用坚硬石头堆砌它。精致，结实，对称，形体虽小而不纤巧，是我理想的建筑，这庙供奉的是"人性"（《习作选集代序》），联系具体的作品说说你对这段话的理解。
6. 沈从文为何被誉为文体作家，请你联系其创作给予说明。
7. 探析沈从文早期创作中的暴力叙事。
8. 试析沈从文笔下湘西女性形象的文化内涵。
9. 试析沈从文笔下的"水"。
10. 牧歌情调下的悲剧——试论复调小说《边城》。
11. 论沈从文《边城》的诗性艺术特征。
12. 比较文学作品《边城》和影视作品《边城》的叙事结构。
13. 试析沈从文《边城》中的景物描写。
14. 通过具体作品说明沈从文散文创作风格的转变。

【论文研读】

《边城》的民族伦理与性别叙事[①]

杨玉珍

吉首大学文学院,湖南吉首 416000

摘要:《边城》在重塑中国形象时其叙事基点是张扬民族伦理;民族伦理表述框定着文本的性别叙事;失衡的自然性别设置、抽空与变形的社会性别意涵、诗性叙述背后的传统性别文化逻辑、女主人公的"失语"与"假借"、一潜一显两代女性的爱情悲剧与民族历史文化命运表里互衬的结构等,形成了特殊的民族社会性别形象;在女性及"边城"的性别权力关系中寄予了作者关于民族和自我的想象,隐含着"内部东方主义"的文化逻辑。

关键词:《边城》;民族伦理;性别叙事;民族社会性别形象

基金项目:湖南省教育厅科学研究项目(07C550)

作者简介:杨玉珍,女,天津师范大学文学院博士生,吉首大学文学院教授。

《边城》问世近 80 年,其题旨与意涵在一代代人的阅读中不断被拓展与增衍,如用牧歌的形式重塑"中国形象"[1]84;讴歌一种"优美、健康、自然,而又不悖乎人性的人生形式";展现了农业文明与现代工业文明的冲突;表现出"受过长期压迫而富于幻想和敏感的少数民族心坎里那股沉郁隐痛"[2]5;"唱给残败湘西的挽歌","显示了无可抗拒的历史理性对民族情感的又一次胜利"[3]239,等等。从各个角度关于《边城》主旨的这些概括获得了广泛认同,但是《边城》还有一个视角尚未被直视,即其性别

[①] 发表于《吉首大学学报》(社会科学版),2012 年第 6 期。

叙事。虽然时常见到分析翠翠的文章,但止于一种审美文化的形象解读;偶有探讨《边城》"男权意识"的论文,也是以翠翠形象为一斑而窥之,且常流于印象感喟。

与20世纪上半叶其他乡土文学作家如"乡土写实派"和"乡村批判派"不同,沈从文属于杨义称之为的"乡土抒情派"[4]193。《边城》被视为民族被动现代化过程中文化守成主义思潮的文学典范,它移用边地"小"民族的资源,把它凝练提升为中华"大"民族的象征,发掘民族的美好品德,从民族伦理的角度为现代化进程中虚伪冷漠、唯实唯利的都市人生树立一个对照、映衬的范本,为"正被历史带向一个不可知的命运中"的民族"形成一种新的势能、新的秩序的憧憬"[5]。其叙事基点是张扬民族伦理,重造民族品德,重塑民族形象。这种民族伦理追求又与文本的性别叙事相呼应,表里互衬。

一、失衡的性别设置

文艺作品虽然与现实世界有着紧密的联系,但在某种意义上又是独立自足的存在,如维姆塞特所言"艺术作品是一个单独存在的,并就某种意义上说是自足的或自有目的的实体"[6]231,其中的一切构造与设置都是自觉的、有意味的。文艺作品中的男女性别并非自然性别特征,而是社会文化系统的观念作用,男女形象所蕴含与反映的是和历史、社会、政治、经济、文化等密切相关的东西,美国女性主义理论家伊莱恩·肖瓦尔特将其表述为"性/性别系统的文学效果"[7]264。随着女性主义研究的发展,人们一致认为"性属/社会性别是作为特定的、重要的文化观念与阶级、种族、民族、心理及宗教等范畴联系在一起的"[8]724。性别刻画出现在各种艺术形式之中,"性别已经成为艺术的一种通道,通过它人类自我得以表达、人类关系得以探究、人类生活的困境得以揭示"[9]2。所以文艺文本中的性别及其权力关系必然构成一种"问题性视域",透过这些"符号化"的女人和男人可以解码特定时代的社会性别意涵、作者的性别观念及其文化指认。

沈从文的作品大都是写与女性相关的恋爱、婚姻和家庭题材，在这种文学的普遍性题材中凸显湘西民族的独特性。在苗族故事系列，如《七个野人与最后一个迎春节》《龙朱》《神巫之爱》《雨后》《柏子》《旅店》《道师与道场》等中，沈从文张扬边地民族的率性而为与原欲狂欢，赞美苗族野性、充满传奇的生活，凸现湘西世界的蛮荒自然和原始初民的雄强，特意把苗族社会塑造成一个人间乐园。其中女性人物不管是乡村妇人还是妓女都是美丽、充满生命活力，大胆直露、张扬生命原欲，体现着沈从文追求的"健康、自然，不悖乎人性"的人生形式。1933—1934年写于北京的《边城》则表现出沈从文皈依教化文明的努力，其叙事与审美转向"中华民族""古典"的"精巧、雅致、敦厚"[1]102，叙述的是符合传统道德、合乎"发乎情，止乎礼"古训的爱情，表现出独特的性别叙事。

首先，在自然性别层面，在风习人情、人事伦理的"正典化"中《边城》叙述对象的性别设置是失衡的。在小说的叙事结构中，"边城"被设定成一个偏僻却诗意的所在，作者努力在其中营造一个典雅、精致、利与义、情与欲、取与舍、爱与憎都健康、自然、谐和的世界，所以在性别选择上的偏向就别具意味。如果按其早先创作苗族传奇的审美倾向，应凸显边地民族的剽悍、雄强、率性、放达，描绘一个阳刚而充满异域情调的世界。但《边城》所描绘的世界，总体来看在审美风格上是一个雄强但偏敦厚的男性世界，其中出场的女性寥寥无几，除了翠翠，其余几位只是作为背景或者风习的部分一带而过；顺顺的妻子，翠翠的母亲，吊脚楼的妓女，团总家的小姐和母亲，喜轿去接的新嫁娘，顺顺家吊脚楼上看龙舟闲说二老婚事的妇人等。以"带过"的方式略掉女性人生的社会现实性与具体性，从而尽力渲染诗意的美。作品世界中的活动主体是男性，顺顺父子、老船夫、杨马兵等男性人物承载着作者边地民族慷慨豪放、诚实勇敢、正直和平、淳厚古朴的理念。

其次，在社会性别层面，女性角色单一，其社会和现实意涵被抽空,个性及社会性并不鲜明,某种程度上可以说是"诗意"观念的载体。刘西渭很早就注意到沈从文创作中女性形象塑造的这一特点,说那些可爱的女孩"属于一个共同类型"[10]。翠翠虽然是婚事中几位男性的目光聚焦点,但她不是、也没能成为决定者、主导者,只是始终守着贴近自然的"小女孩"文化定位。翠翠的母亲在生下婴儿后就寻了短见,让自己的人生角色和自我认同停留在"女儿"和"情人"的位置,孕育、生育另一个生命的过程和经历并没有使她具有母性并接受"母亲"角色。这位自由爱情的追求者在爱情与亲情、情人与父亲、情感与礼法之间无法抉择,只得以自我生命的终结达至双方的平衡,这种安排显然受制于叙述者的自我性别与叙述策略。关于顺顺的妻子,作品只是在开头介绍顺顺的发家及两个儿子成长的背景时有所提及,其影响所及仅在顺顺对两个儿子的情感偏向以及傩送的诗性气质上,别的妻性母职全然不显,并被排除在场,有些"下落不明"的意味。端午节陪女儿来顺顺家以看龙舟之名行"相亲"之实的团总妻子,只是一个陪伴,其意义除了以其外表显示乡村中年女性走亲访友装扮干净利落、素朴讲究的爱美习俗外,只是激起了没有母亲的翠翠心底的那份羡慕,并未显示其自身。在《边城》中作为妻子和母亲的女性几乎全体缺席。一般而言,在传统社会中"妻子"和"母亲"是女性获取社会性身份、被社会接受、获得一定限度主体性的唯一途径。《边城》的这种选择与抑制,显然是叙事的有意为之,是营建纯善、纯美人生形式所必需的。

二、诗性叙述中的性别意涵

性别的含义由两个层面构成:一个是生来为男或者为女的生物学事实即生理性别(sex);一个是体现社会和文化对于两性的价值规定与期待的社会性别(gender),二者既相联系又相区别。"一个社会的性别系统不是偶然的现象,而是社会现实被组织、被标明以及被体验的方式。性别是一个随着社会生活的变化而不断改变的历史、经济、政治和文化范畴"[9]1。《边城》的叙事风格是一种诗性叙述，它以人性善为基础，依托于边城茶峒的自然胜景与谐和的人际关系、淳厚古朴的风俗习惯，在时间和空间上离开"此时此地"（三十年代的大都市北京），通过诗性叙述使得由少数民族人性风习构成的"湘西世界"成为与现代都市对举的理想家园，抒写了一曲典雅、沉郁的民族之歌。对人物性别的定位、性别权力关系的设置、社会性别意涵的选择都成为叙事的修辞表述。

其一，女性成为叙述"焦点"背后的传统性别文化逻辑。《边城》的叙述视角是第三人称全知全能的视角，由远及近全面细致地描绘故事展开的舞台、主人公生活的地理环境及其历史文化风貌，以及把人物纠结在一起的那件故事。但在叙述态度上却有着明显的倾向性，在展开主体故事时叙述聚焦于翠翠和爷爷的日常生活与心理活动，读者清楚地知道翠翠和爷爷的心思情感及其日常活动，但顺顺一家的心理与行踪在这一视角下被遮蔽，只能靠"余光"辐射，由傩送、中寨人过渡或者爷爷进城打听得知。男方家虽然处于叙述的侧面，却是所述事件的发动者与决定者。这一叙述变焦包含了传统的社会性别文化心理，构成并强化了女性"被追求"→"被展示"→"被叙述"的文化定位与表述逻辑。

其二，婚恋关系中的性别权力结构。《边城》的叙事核心是翠翠的婚事。中国传统的婚恋方式是"男追女"，不管"车路""马路"，女性都是处于"被"追求、"被"选择的位置，在"尊贵"的名号下女性被剥夺了主动权。《边城》所张扬的理想的、合乎人性的婚恋方式是边地少数民族保有的青年男女自主对歌、自由结合，作品开篇在介绍翠翠父母时就把这种浪漫的、基于"自然道德"的婚恋方式介绍了出来，这也是沈从文其他写湘西的作品如《雨后》《旅店》等所推崇的。但这种边地民族率性而为、自由自主的婚恋方式也难抑其社会悲剧性，翠翠父母的爱情悲剧蕴含了"马路"的非完全自主性。翠翠在属于她的"马路"中只是一个纯粹的"听者"，没有"发声"。加上两家社会、经济地位的悬殊，以及正统文化中的婚俗惯例，形成了男家是"主""中心"，女家是"次""边缘"的婚姻权力结构。爷爷尽管是男性，但他的社会性别属性在社会政治、经济文化的角度却类同于边缘的女性，即使在家庭事务中他的性别立场也是非男性自我中心的，颇有一些阴柔的犹疑不定，有研究者称他是"像地母一样承当苦难的男性形象"[11]227。情感、社会、经济和世俗伦理的压力使得老船夫在家庭和社会都失却了男性的主动、决断，在翠翠的婚事上犹豫忧惧，终至悲剧发生。这样的社会性属认同形成了翠翠和爷爷的自卑以及对顺顺一家的仰视，在成为"叙述中心"的同时其行为的主体性和主动性却被抑制了。

其三，《边城》在女性角色社会性别身份的选择上有着严重的偏向性。作为作品焦点的翠翠，其社会性别角色被定位在"小女孩"向少女的过渡上：活泼可爱，对世事有些朦胧的了解但缺乏功利心；情窦初开、对自己的感情有意识但止于女孩的贞静、羞怯和矜持；她无法明白表达自己的爱恋与选择，在"女孩"身份的规约下只能被动等待、消极回避。翠翠的主体性被搁置，她是被抑制的，无法自我表述。当她独自面对人群和社会时，渡船和黄狗成了她的"分身"，表达她或者遮掩她，她只能借助于渡船、黄狗、竹林来安放自己的局促、释放自己的情绪。叙述者假借黄狗和渡船弥补翠翠的"失语"，被表述的翠翠凭此而心思情感鲜活起来，但这一策略也限定了翠翠的文化归属：亲近自然（竹林、渡船、河水、黄狗），与人群社会相对隔膜，在如"小兽物"般"可爱"的同时其随时"举步逃入深山"的神情给作品中其他人以"不可琢磨""难以亲近"及神秘之感，遮蔽了翠翠的人格主体，给读者以"女性＝自然＝神秘"的文化原型隶属的联想。作品最后当作为保护伞的爷爷离世，顺顺要把她作为未来的儿媳妇接过去住时，翠翠第一次明确做出了自己的选择：守候在渡口，等待二老回来决断。至于等待的结果，叙述者用了一个诗意的表述，使翠翠的爱情婚姻和幸福在希望与无望中无限延宕。这也暗示，作为主体的翠翠出现后，并不一定能获得幸福，而且一时的主体显现却是为了无限期地依附和从属，暗含了女性人生的悲剧本相。

其四，两代女性的悲剧命运与民族文化历史的互喻。翠翠父母的爱情成为作品中一个重要的叙事单元，他们的死在作品中或详或略出现了八次，贯穿全书。作品开头交代人物的生活环境和身世背景时这个故事就登场了，成为叙述者赞美老船夫坚忍顽强的生命力与生存勇气的铺垫；同时，对于翠翠而言，父母的爱情故事又成为她的爱情婚姻命运的预言与暗示。这个预设的故事在记忆中的一次次重现，对当前翠翠婚事的结局几乎起着决定性作用，翠翠的爱情故事与父母的爱情具有相似性，如论者所言："相似性就成为潜藏在本文内部的一种结构，这种结构不仅仅只是故事讲述的手段，而要完全被当作叙事来理解。"[12]潜与显的两代女性爱情悲剧的互相呼应、对照与纠结，将女性的悲剧性及民族的悲怆与隐痛更加鲜明强烈地表现出来，让读者在不经意之间感受其中蕴涵的必然性和偶然性，从而获得了叙事学上重要的结构意义，在故事内外形成了渗入人心的抑郁和感伤。女性对自己爱情婚姻命运的无奈与作者对民族历史和文化的担忧以喻体和喻义的方式彰显出来。

三、民族社会性别形象的文化价值

作为京派小说的代表作家，沈从文的创作理念就是"造希腊小庙"，"这神庙供奉的是'人性'"[5]42，而造神庙的素材就是湘西边地的人生。"湘西"所能代表的健康、完善的人性，乡村美丽的生命形式，是他的全部创作要负载的内容，并将之与虚假、萎缩的城市生命形式相比照。将湘西世界的特殊资源与传统文化结合，创造出基于湘西世界而又超出少数民族视域、具有普遍性的文学经典，比如《边城》等。《边城》的性别叙事蕴含了性别的民族化、文化化趋势。作者借这一在如画的边地风光与淳厚、古朴风习中展开的婚恋故事，张显淳朴、自然、和谐、纯善的民族品格与形象，为现代化进程中的都市人生树一面镜子。但这一叙事所展现的民族社会性别形象又不可避免地投射着民族与性别自我被历史大力所带往的"转角"处。

这桩婚事虽然双方是你有情我有意却仍然搁浅了,其原因并不只是深合传统"男性积极主动,女性消极被动"规范的性别差异、社会经济地位差异所造成的"沟通不畅",也是诗性叙事与现实逻辑的矛盾所致。这桩婚事的进行牵涉社会、经济、文化和性别的权力关系。在婚姻市场上,"渡船"成为翠翠的象征资本,在张扬乡土文化和田园文明的价值坐标下,叙述者凭借诗性叙事的超功利性使"渡船"优于"碾坊"。"车路""马路"的并行暗示边地的淳朴民风、自然人性与自然道德,但翠翠婚事上"马路"的夭折意味着边地不再"没有机心";在"渡船"和"碾坊"面前顺顺也不是完全没有功利倾向。翠翠爱情的悲剧意味着女性的审美价值在现实原则下的败北。翠翠长得美,乖巧羞怯、善良单纯,逗人喜欢,成为天保、傩送追求的对象。但在现实层面,女性的终极市场就是"婚姻场",女人的社会职能就是生儿育女、操持家务,用列维-施特劳斯的话来说,交换——异族通婚原则——"提供了把男人结盟在一起的一种方式"[13]56。大老担心翠翠"只宜于听点茶峒人的歌声,不能作茶峒女子做媳妇的一切正经事",表面看来只是一个注重实际的男人对作为媳妇的翠翠操持家务能力的怀疑,但象征体"渡船"背后的经济匮乏及其"无根"的社会归属显然也寓含其中。这个悲剧的造成,除了现代商业经济及其价值观对边地自然经济的侵蚀与施压外,还有边城社会经济和文明转型所带来的社会性别角色模式的改变:农业经济下性别角色模式是男耕女织,男主外、女主内,尽管有限,但"内"还是给女性主体留有了一定的空间;商业经济模式中交换价值决定一切,未进入价值创造领域的女性被彻底边缘化、对象化和物化,诗性叙事在非功利性的原则下使得女性的价值功能停留在审美阶段,审美价值没有、也无法转换成实用价值,婚事的"搁置"成为必然。

《边城》世界仍然处在农业文明为主、兼杂有一定程度的资本主义经济因素的时代,茶峒城街是个依靠船运和人力进行货殖的近代商业社会,女性的社会地位、经济地位和职业在作品的诗性叙事中被模糊化和景致化:傩送的母亲只是婚姻市场上一宗交易中的一个有效筹码,她的产业和白脸黑发、寡妇身份恰配脚有点毛病、从营伍中混过来的顺顺,展现了一种素朴的婚姻经济学;小饭店"内掌柜""眉毛扯得极细脸上擦了白粉",惹起吃饭人的谐趣,此番景致作为豪放、别致的乡俗情趣被叙述者所赏识;茶峒城里吊脚楼上的妓女,为嫖客唱小曲却想着水手情人,爱情和生意两头兼顾,呈现了一种以"本然、率真"为核心的性伦理。这些都是作为边地风习淳厚古朴的表征而被叙述者摘取,以伦理为核心构成了一种独特的经济与文化的"风景缘",消隐了妓女人生的残酷性和社会性,以及女性真实的生存状态和内在人格。

在叙事结构上,《边城》表层讲述翠翠与大老、二老的感情婚姻进程,深层结构却碰触到诗性叙事与现实逻辑、民族伦理与历史理性、农业文明与工商业文明、少数民族文化与汉儒文化以及性别的冲突。为了使乐园建造得以顺利进行,作者只好在情节布局上尽量掩饰或化解:大老的死正好成为顺顺父子倾向碾坊的借口,爷爷的死则成为叙述者修补在近代文明转型期为金钱实利所销蚀的乡村纯善人性、高尚人格、轻利重义风尚的契机。在这种变焦中,叙述者某种程度上是与翠翠他们——边缘的、弱势的、(类)女性的——身份认同的,在边地少数民族和女性的双料"边缘"文化中建构自我想象。"湘西记忆"成为从边地走出的沈从文的写作之源,这一创作取向,既受影响于20世纪20、30年代西方民俗人类学研究在中国产生强烈共鸣与反响,在民族新文学和新文化的创造中开启了对民间、民族文化资源的利用与开掘之风,又是论者所谓的"内部东方主义"文化逻辑的产物[14]。"非西方的或者来自非西方的学者在其自身社会所做的社会学与人类学研究,展示了与西方学术完全吻合的连续性",是谓"来自东方内部的东方主义"[15]。此处移用于称述沈从文的湘西写作,指的是他按照都市的湘西想象来描述湘西,正如有论者指出的:"对'城里人'的湘西想象的准确把握和一定程度的'迎合',则成了沈从文跻身文坛的捷径"。[15]在这种自我"他者"化的文化逻辑之中,"湘西"并不是那个真实的湘西,而是被沈从文为了某种理念而表述和建构的"湘西"。

这一话语建构又暗合了当前人们的文化策略:"翠翠"被抽绎出来,衍化成全球化语境下"本土化"表述策略中"魅力湘西"的代名词,对"翠翠"作为——少数民族、"自然之子"、女性——不变的独特审美文化符号的使用,呈现了当下的一种民族文化和性别文化的建构逻辑:"内部东方主义"的自我"他者化"。正如有研究者在20世纪以来的中国发现的一个普遍现象:"把少数民族妇女跟大自然联系在一起,生动地揭示了现代与落后、文明与蛮荒之间的对立。作为大众传媒的形象,少数民族妇女经常与大小动物为伍,……青春不但体现在所表现的妇女身上,而且通过她们跟自然界的纯真认同来体现。"[16]100 少数民族、女性、自然在类性别化思维中处于同样的客体化和对象化位置,在女性以及"边城"的性别权力关系中寄予了作者关于民族和自我的想象,这是沈从文自己没有明确意识到的。

参考文献

[1] 刘洪涛.《边城》:牧歌与中国形象[M]. 南宁:广西教育出版社,2003.

[2] 朱光潜,等. 我所认识的沈从文[M]. 长沙:岳麓书社,1986.

[3] 刘永秦.《边城》:废弃的反现代化堡垒[C]//永远的从文——沈从文百年诞辰国际学术论坛文集. 吉首:吉首大学沈从文研究所,2002.

[4] 杨义. 中国现代文学流派[M]. 北京:人民出版社,1998.

[5] 沈从文.沈从文文集:第11卷[M].广州:花城出版社,1984.

[6] 王先霈,王又平.文学理论批评术语汇释[M].北京:高等教育出版社,2006.

[7] [美]伊莱恩·肖瓦尔特.我们自己的批评:美国黑人和女性主义文学理论中的自主和同化现象[M]//张京媛.当代女性主义批评.北京:北京大学出版社,1992.

[8] 赵一凡,等.西方文论关键词[M].北京:外语教学与研究出版社,2006.

[9] [英]苏珊·弗兰克·帕森斯.性别伦理学[M].史军,译.北京:北京大学出版社,2009.

[10] 刘西渭.边城与八骏图[J].文学季刊,1935(3).

[11] 陈改玲.《边城》研究三题[C]//永远的从文——沈从文百年诞辰国际学术论坛文集.吉首:吉首大学沈从文研究所,2002.

[12] 祁培.《边城》里翠翠父母故事叙事功能研究[J].高等函授学报(哲学社会科学版),2007(12).

[13] [法]朱迪斯·巴特勒.性别麻烦:女性主义与身份的颠覆[M].宋素风,译.上海:上海三联书店,2009.

[14] 庞书纬.朝圣之旅——"内部东方主义"视野下的沈从文湘西小说[J].北京大学研究生学志,2008(4).

[15] [英]齐亚乌丁·萨达尔.东方主义[M].马雪峰,苏敏,译.长春:吉林人民出版社,2005.

[16] [美]路易莎·沙因.中国的社会性别与内部东方主义[M]//马元曦,等.社会性别与发展译文集.北京:三联书店,2000.

单元十六 新感觉派

【单元学习目标】

1. 把握"现代主义"理论的基本内容。
2. 了解新感觉派产生的文化根源及外来影响,把握其写作姿态上的现代性与先锋性。
3. 培养学生的质疑能力,提高学生分析和解决问题的能力。

活动1 "现代主义"理论的梳理

【活动目标】

1. 了解新感觉派产生的思想文学资源,通过西方"现代主义"文学的特征,启发学生探查中国新感觉派的创作特点;
2. 巩固学生查阅、收集、整理资料的能力。

【活动内容】

1. 学生在课前查阅理论文献,明确"现代主义"的概念内涵,了解"现代主义"的基本特点。按规范格式注明参考文献,以书面作业的形式提交任课老师。
2. 每位同学列举"现代主义文学"作品一篇,并在课堂简介该作品。

活动2 中国20、30年代"都市文学"的梳理

【活动目标】

1. 了解"都市文学"的流变过程,于比较中得出新感觉派内容上的创新。
2. 培养学生的史学观。

【活动内容】

1. 学生列举之前在中国现代文学学习中涉及的都市文学创作。
2. 教师引导学生比较之前学习的都市文学与新感觉派对"都市"的描写,填写下表,以把握新感觉派文学创作在内容上的创新。

作者	作品	例证	作品中"都市"的特点

3. 教师总结,引导学生明确新感觉派笔下独特的"都市"。

活动3 运用具体理论分析新感觉派作品

【活动目标】

1. 通过具体作品深入把握新感觉派的创作特色。

2. 能够将本章涉及的重点理论与具体实践相联系。
3. 锻炼基本的科研能力。

【活动内容】

1. 精读新感觉派的一篇作品。
2. 查阅该作家作品的相关资料及研究文章。
3. 针对所读作品，拟定一个论题。
4. 老师评审学生提交的论题，并选择其中深度、难度和可行性结合较好的论题提供给学生。
5. 教师提供一篇规范、优质的论文：盘剑《论新感觉派小说的隐性视觉形态》(《文艺理论研究》2009 年第 2 期)，要求学生进行论文研读，并完成以下任务：
（1）在论文中标示出论文的基本构成，并对照摘要、关键词的写作要求，研读论文的摘要、关键词。
（2）论文的论题是什么？国内外有没有与该论题相关的研究？如果有，请作梳理。
（3）论文运用的基本理论是什么？
（4）仔细研读论文，思考整个论文的逻辑建构，思考每一论点是通过哪些论据进行论证的。
（5）论文中主要的论证方法有哪些？

【理论梳理】

1. 联系童庆炳编写的《文学理论教程》，分析《夜总会的五个人》涉及的相关理论。
（1）文学类型：第九章第一节（文学作品的类型）。
（2）典型：第十章第二节文学（典型）。
（3）文学风格（流派）：第十三章第四节（文学风格与文化）。

(通感、蒙太奇、陌生化等,学生可联系以上理论对作品进行分析。)

2. 联系童庆炳编写的《文学理论教程》,分析《梅雨之夕》涉及的相关理论。

(1) 文学言语层:第十章第一节(文学文本层次)。

(2) 弗洛伊德心理分析学文艺观:详见西方文论教材。

(3) 文学风格(流派):第十三章第四节(文学风格与文化)。

【运用理论分析作品示例】

联系《夜总会的五个人》试析新感觉派小说的先锋性。

提示:

一、何谓文学的"先锋性"

二、新感觉派小说体现的先锋性

1. 内容方面

(1) 对都市的书写。(与现代文学史上以都市为写作对象的作品相比较。)

① 第一次将都市作为独立的书写对象。

② 对都市做全方位的描写和反映。

③ 书写感觉中的都市。

(2) 反映现代人在现代生活中的现代感受。

2. 形式方面

(1) 采用多种西方的现代派手法,突出"感觉",把客观对象主观化,进行主观感情的投射,使对象生命化和个性化。通过刹那间的感觉,用象征和暗示的手法,来表现人的生存价值和存在意义。

(2) 大量使用感性的表达方式,描绘人物纤细的感情和心理活动。

(3) 在结构、形式、技巧等方面有所创新,大量使用夸张、变形、魔幻、荒诞、蒙太奇、意识流、心理分析等手法进行现实创作；结构上多线并进，跳跃性大，常常使用内在视角进行叙述；突出运动感和节奏感，传达对都市的异样的情绪和感受；追求反常规和陌生化的艺术效果，常常使客观事物扭曲和变形。

（4）根据主观感觉把握外部世界，运用想象构成新的现实，然后通过新奇的文体和词藻加以表达。

【必读作品】

《两个时间的不感症者》
《夜总会的五个人》
《上海狐步舞》
《白金的女体塑像》
《梅雨之夕》
《春阳》

【参考文献】

[1] 吴福辉. 带着枷锁的笑[M]. 浙江：浙江文艺出版社，1991.

[2] 吴福辉. 关于都市、都市文化和都市文学[J]. 上海师范大学学报（哲学社会科学版），2017（6）.

[3] 李俊国. 中国现代都市文学论纲[J]. 湖北大学学报（哲学社会科学版），2003（7）.

[4] 盘剑. 论新感觉派小说的隐性视觉形态[J]. 文艺理论研究，2017（5）.

[5] 冯勤论."影像"化叙事在海派小说中的本土化走向——新感觉派和张爱玲的小说创作为中心[J]. 四川大学学

报（哲学社会科学版），2017（6）．

［6］李俊国．论"新感觉派"的物态化叙事[J]．中国现代文学研究丛刊，2017（11）．

［7］王爽．生动的语言艺术——论施蛰存《梅雨之夕》的语言特色[J]．名作欣赏，2014（7）．

［8］李春杰．《梅雨之夕》心理描写的表现力[J]．文艺争鸣，2017（11）．

【拓展思考】

1. 说明日本新感觉派对20年代中国新感觉派的影响。

2. 结合具体作品试作20年代中国新感觉派所表现的上海地域文化研究。

3. 试论新感觉派小说中的色彩书写。

4. 结合具体作品试谈20年代中国新感觉派在叙事方式上的创新。

5. 论述20年代中国新感觉派内容上呈现的"现代性"。

6. 试析20年代中国新感觉派笔下的"都市"。

7. 试析20年代中国新感觉派笔下的"舞厅"意象。

8. 试论穆时英小说的颓废色彩。

9. 结合具体作品试论穆时英小说语言的欧化倾向。

10. 试析刘呐鸥笔下"都市摩登女郎"的形象。

11. 通过刘呐鸥的《风景》看现代人的情爱方式。

12. 试以心理视角对《梅雨之夕》进行解读。

13. 谈谈穆时英小说《夜总会的五个人》的修辞策略。

单元十七 现代派诗

【单元学习目标】

1. 从"新诗谱系"中找到现代诗派与 20 年代象征诗派和后期新月派的渊源关系。
2. 深度把握现代诗派的流派特征。
3. 使学生熟练掌握诗歌阅读鉴赏的方法,提升学生的阅读能力、审美能力,培养学生创新精神和创新能力。

活动1 考察现代新诗的传承和反拨关系

【活动目标】

1. 通过具体作品明确现代诗派与 20 年代象征诗派和后期新月派的传承关系;
2. 培养学生的史学意识,加强学生的史学能力。

【活动内容】

1. 以近代诗界革命、初期白话诗、自由诗、格律诗、象征诗派为要点,大致勾勒文学第一个十年新诗的流变线索,并简评不同阶段新诗潮流彼此间的承传关系。

2. 总结下表各诗歌流派的主要观点并将其填在表格空白处。

诗歌流派	代表作家	代表作品	具体主张
20年代象征诗派			
后期新月派			
现代诗派			

3. 学生尝试分析现代派与 20 年代象征诗派和后期新月派的渊源关系。

4. 教师总结、点评。提醒学生注意新诗流变过程中的逻辑承传关系。

活动 2　诵读经典

【活动目标】

1. 通过诵读经典，直观体会现代派倡导的诗歌"散文化"与 20 年代诗歌"散文化"的异同，体会现代派与同时代左翼诗歌不同的创作风格。

2. 提升培养学生诵读的技能，提升学生审美感悟能力。

【活动内容】

1. 安排不同小组负责搜寻以下作者中的其中一位的代表作品，并在课外自行练习诗歌朗诵：殷夫、臧克家、戴望舒、卞之琳、何其芳、林徽因。

2. 各组推选一名成员在课堂上进行诗歌朗诵，要求制作幻灯片，幻灯上有诗作原文，附以相应的配乐。

3. 教室课堂上抽选学生进行诗歌朗诵。

（朗读时，学生应抛开一切既有结论和看法，阅读主体（完全投入作品）努力获得第一印象和最初体验。）

4. 教师可在其间插播经典的诗歌朗诵视频，如：殷夫《别了，哥哥》，戴望舒《雨巷》《寻梦者》，卞之琳《断章》，林庚《春天的心》，林徽因《别丢掉》。

活动3 分析《雨巷》中的意象"丁香姑娘"

【活动目标】

1. 将诗作《雨巷》意境的探讨，作为把握诗作的着力点，通过对该问题的分析，明确《雨巷》的主体意象及其构成的整体意境，明确其中蕴含的思想内涵及作者复杂的情感思绪。而且，可进一步挖掘戴望舒总体创作体现出的"忧郁"诗情及其原因。由对诗作的审美上升到审智。

2. 使学生熟练掌握诗歌阅读鉴赏的方法，提升学生的阅读能力、审美能力、理性分析能力。

【活动内容】

1. 默读、朗诵，整体感知。了解《雨巷》描绘的大致情境，体味诗作的感情基调。
（1）所有同学通过默读完成对诗歌的最初体验。
（2）抽选同学进行朗读，通过重音、语调、停顿、节奏等朗读技巧检查学生对诗歌抒情内容和抒情话语的把握。
2. 根据教师拟出的问题精读诗作。
（1）明确"意象"的定义及"意象"的基本特征。
（2）列举《雨巷》中的主要意象。

3. 默读诗作，根据意象的相关理论，分析意象"丁香姑娘"。

（1）根据诗作，描绘你心目中的"丁香姑娘"，并归纳出"丁香姑娘"的特征。

（2）"丁香姑娘"是否具有多义性和暗示性，请根据"意象"的相关理论和诗体的具体内容进行论证分析，分小组进行讨论，各组将讨论结果进行总结，并提交书面报告。

（3）课后查阅对《雨巷》的评论研究，归纳学者们对《雨巷》主题的解读，见王蓓蓓《〈雨巷〉的文本解读和教学价值建议》。

（4）品读诗作，感受声律，领悟作品的意境。反观作者是怎样通过声音、画面来表达思想、抒发情意的。

提示：

① 对声音的探讨可从字音、押韵、停顿、断行、节奏、重复等方面入手；

② 意境的探讨：a 场景的构成，b 情境的结合，c 虚实的结合。

（5）总结诗作丰富的思想内涵和复杂的情感过程，情感层次。

活动4 文学创作

【活动目标】

1. 通过阅读，提升学生的阅读能力、审美感悟能力。
2. 考察学生的文学创作水平。

【活动内容】

1."求而不得""得而复失"是每个人都有过的人生经历，这也是戴望舒《雨巷》穿越时空，至今还能引发读者共鸣的原因之一，那么还有哪些创作也反映了类似主题，请同学们例举一二。（除文学作品外，也可例举歌曲、影视作品等。）

2. 以"求而不得""得而复失"的经历，进行文学创作，无体裁、字数的限制。

【理论梳理】

联系童庆炳编写的《文学理论教程》，分析《雨巷》涉及的相关理论。

（1）意境：第十章第三节（意境）。
（2）意象：第十章第四节（意象）。
（3）滋味：详见中国古代文论资料。
（4）声与情：第十二章第二节（抒情性作品的构成）。
（5）景与情：第十二章第二节（抒情性作品的构成）。
（6）象征：第十二章第二节（抒情方式）。
（7）抒情角色：第十二章第二节（抒情方式）。

【必读作品】

《别了，哥哥》
《雨巷》
《寻梦者》
《我用残损的手掌》
《断章》
《春天的心》
《别丢掉》

【参考文献】

[1] 蓝棣之. 现代诗的情感与形式[M]. 北京：人民文学出版社，2002.

[2] 卞之琳. 戴望舒诗集：序[J]. 诗刊，1980（5）.

[3] 孙玉石. 面对历史的沉思——中国现代主义诗歌源流的回顾与评析[C]//看一支芦苇——辛笛诗歌研究文集. 2012（10）.

[4] 谭云华. 丁香空结雨中愁——《雨巷》的象征意蕴及特点分析[J]. 玉溪师范学院学报，2001（5）.

[5] 李秀云. 缠绵悱恻的忧郁美——《雨巷》的意境美探析[J]. 吉林师范大学学报（人文社会科学版），2005（4）.

[6] 王太顺. 从论析式解诗的角度看《雨巷》[J]. 沈阳师范大学学报（社会科学版），2011（1）.

[7] 石浩. 浅析《雪国》与《雨巷》中女性形象及其意蕴的异同[J]. 山西师大学报（社会科学版），2012（3）.

[8] 贾忠良. 一曲相思调·千般寂寞情——卞之琳《断章》主题辨正[J]. 齐齐哈尔大学学报（哲学社会科学版），2015（5）.

[9] 李汶璟.《断章》主题多样性的文本世界阐释[J]. 重庆工商大学学报（社会科学版），2016（4）.

【拓展思考】

1. 20世纪30年代现代派诗歌创作呈多元化状态，尝试梳理现代派诗歌创作多元状态的外来影响。

2. 施蛰存曾指出："《现代》中的诗是诗，而且纯然是现代的诗。它们是现代人在现代生活中所感受到的现代情绪用现代的辞藻排列成的现代的诗形。"通过30年代现代派诗歌创作说说你对这段评价的理解。

3. 从形式主义美学探究《雨巷》的音乐美。
4. 试论戴望舒诗歌《寻梦者》中的意象"金色的贝"。
5. 试论戴望舒诗歌中"忧郁"的诗魂及其成因。
6. 联系《雨巷》和《我用残损的手掌》论述戴望舒诗风的转变。
7. 试论戴望舒诗歌的"死亡"意识。

单元十八

40年代文学思潮

【单元学习目标】

1. 通过实践活动深入把握现代文学第四个十年文学思潮重点内容,并形成现代文学到新中国文学这一历史过程的有一个宏观认识。

2. 对文学现象进行客观辩证地评价。

活动1 梳理新文学史上"文艺大众化"的相关讨论

【活动目标】

1. 明确毛泽东《在延安文艺座谈会上的讲话》的主要内容及其意义。

2. 理清新文学史上"文艺大众化"的相关讨论;明确新文学在文学"大众化"道路上的得与失。

【活动内容】

1. 毛泽东《在延安文艺座谈会上的讲话》。

(1)参考教材,并查阅相关资料,归纳毛泽东《在延安文艺座谈会上的讲话》的产生背景、主要内容。

（2）本题可在"赵树理"相关教学活动结束后，联系赵树理的创作，思考"讲话"的意义，并对"讲话"做客观评价。

2. 根据教材，梳理中国现代文学史上"文艺大众化"的相关讨论，并填写下表。

时间	地点	相关人员	讨论的主要内容	结论

3. 教师引导学生在了解新文学产生、发展过程中，探寻文学"大众化"道路上的得与失。

活动2　试评胡风"主观战斗精神"

【活动目标】

1. 明确胡风的基本理论。
2. 掌握客观评价文学现象的方法，培养学生的思辨能力。

【活动内容】

1. 胡风是30、40年代及至当代最具影响力又最有争议的文学理论批评家。各学习小组在课前收集有关资料，教师指定小组分别负责以下资料的收集和整理。
（1）胡风的生平经历。
（2）胡风理论的基本框架及核心观点。
（3）文艺界40年代基于胡风相关理论形成的现实主义及"主观论"论争；50年代对胡风反革命集团的批判。

（4）胡风对30、40年代文学的影响。

2. 教师上课请学生就以上资料的收集整理进行情况汇报。

3. 学生根据教材教师点评并总结。明确胡风理论的基本框架与核心观点；引导学生对胡风理论及引起的论争和批判运动作客观评价，探析其引起争论的焦点与原因，以及对胡风理论的历史定位。

【拓展思考】

1. 毛泽东《在延安文艺座谈会上的讲话》的核心内容是什么？联系文学史上的具体文学现象对"讲话"做评价。

2. 从接受美学的角度谈《在延安文艺座谈会上的讲话》的价值意义。

3. 试论毛泽东《在延安文艺座谈会上的讲话》的现实意义。

4. 简述国统区文学的历史逻辑。

单元十九 赵树理

【单元学习目标】

1. 通过比较、综合寻找同类作品发展的历史轨迹,从中发现时代的变迁对文学整体发展的影响,形成文学史的整体观念。
2. 注重"文学史现象"的分析,把握赵树理出现的文学史意义。
3. 理解不同文学体裁(小说与话剧)的基本特征。

活动1 梳理新文学中描写乡村题材的代表作家、作品

【活动目标】

1. 从整个现代文学历史变迁过程中,考察赵树理出现的意义。
2. 培养学生的史学观,掌握联系与比较的学习方法。

【活动内容】

1. 精读赵树理的代表作《小二黑结婚》。
2. 梳理新文学中描写乡土题材的作家,并填写表格。

作家	作品	主要人物形象	作品主题	摘抄原文片段

3. 教师引导学生将赵树理的作品与文学史上以农村为题材的作品进行比较，探析赵树理出现的文学史意义。

活动2 《小二黑结婚》中人物形象分析

【活动目标】

1. 通过对作品人物形象的分析，讨论赵树理对农村、农民的描写具有哪些"新素质"，把握赵树理对于农村题材的新的开掘和独特的发现。

2. 检查学生对运用理论分析作品这一基本研究方法的掌握情况。

【活动内容】

1.《小二黑结婚》中出现了几类人物形象，请列举并填写下表。

人物	外貌	语言	行为	性格	文化内涵揭示的思想内涵

2. 根据典型理论分析"三仙姑"这一人物形象。
（1）查阅相关文献，明确典型相关理论。
（2）运用典型理论论析"三仙姑"这一人物形象，并以书面形式提交。
（3）同学之间对该次作业进行交叉评阅。
（4）教师抽查并评讲该次作业完成情况。

活动3　联系作品分析赵树理创作的"评书体"现代小说形式

【活动目标】

1. 论析并归纳赵树理的现代"评书体"小说形式，了解赵树理小说对传统小说进行的扬弃与改造，以及在现实主义艺术创造上的突破。
2. 深入了解赵树理的文学史意义。

【活动内容】

1. 参考教材曹万生《中国现当代文学史》第二十二章第一节，明确赵树理的"评书体"现代小说形式。
2. 结合作品《小二黑结婚》，举例说明赵树理"评书体"现代小说对传统小说所做的传承与改造。
3. 结合活动1与活动2的内容，说明赵树理出现的文学史意义。
4. 课堂上教师抽查任务完成情况。

活动4 将小说《小二黑结婚》改编为话剧

【活动目标】

1. 通过作品改编更好地把握赵树理的创作特色。
2. 更好地了解、体会不同体裁的基本的艺术特征。

【活动内容】

1. 学生自行复习话剧这一文学体裁的基本要素和基本特征。
2. 精读小说《小二黑结婚》,各组尝试将《小二黑结婚》改编为话剧。
3. 教师选出优秀作品,在班上传阅。
4. 根据实际情况,安排学生作话剧片段排演。
5. 教师播放话剧《小二黑结婚》,学生通过同一内容不同体裁的作品更好地了解、体会不同体裁文学创作的艺术特征。

【理论梳理】

联系童庆炳编写的《文学理论教程》,分析《小二黑结婚》涉及的相关理论。

(1)文学类型:第九章第一节(文学作品的类型)。
(2)人民文学论:第二章第一节(马克思文艺理论基石)。
(3)文学风格(流派):第十三章第四节(文学风格与文化)。
(4)文学典型:第十章第二节(文学典型)。
(5)结构:第十一章第二节(叙事内容)。
(6)行动序列:第十一章第二节(叙事内容)。
(7)故事时间:第十一章第三节(叙事话语)。

(8)叙事者声音：第十一章第四节（叙事动作文学）。

【必读作品】

《小二黑结婚》

【参考文献】

[1] 戴光中. 赵树理传[M]. 北京：当代中国出版社，2009.
[2] 黄修已. 赵树理研究资料[M]. 北京：知识产权出版社，2010.
[3] 苏春生. 中国解放区文学思潮流派论[M]. 北京：中国社会科学出版社，2000.
[4] 王彬彬. 赵树理语言追求之得失[J]. 文学评论，2011（4）.
[5] 李杨. "赵树理方向"与"讲话"的历史辩证法 [J]. 文学评论，2015（4）.
[6] 徐仲佳.《小二黑结婚》的悲剧意蕴[J]. 石油大学学报（社会科学版），2000（6）.
[7] 傅修海. 赵树理的革命叙事与乡土经验——以《小二黑结婚》的再解读为中心[J]. 文学评论，2012（2）.
[8] 李振. "文""史"断裂的起点——论《小二黑结婚》的叙事策略[J]. 东岳论丛，2012（9）.
[9] 王晓瑜.《讲话》·新启蒙·赵树理方向——作为一种文学新样式的《小二黑结婚》[J]. 文艺理论与批评，2013(2).

【拓展思考】

1. "赵树理方向"的发生过程及成型原因。

2. 通过具体作品论析赵树理的民间叙事风格及其形成原因。
3. 通过具体作品对赵树理创作的语言特点进行解读。
4. 对赵树理笔下农村妇女形象进行审视。
5. 试论《小二黑结婚》中农民形象的文化隐喻。
6. 论述赵树理小说体现的民俗学色彩。
7. 周扬曾评价"赵树理是中国文学史上第一个以农民的语言、农民的思想,写农民生活的作家",对此评价你是否同意?请说说理由。
8. 通过具体作品试论赵树理"评书体"小说的艺术特征。

单元二十 张爱玲

【单元学习目标】

1. 了解张爱玲传奇的经历及其对创作的影响。
2. 深入把握张爱玲小说在女性解剖和都市发现方面的现代性特征,分析其既传统又现代、既通俗又先锋、既雅又俗的艺术创新;
3. 体验完成学术论文的基本流程。

活动 1　简要介绍作家生平及创作概况

【活动目标】

1. 了解张爱玲的生平经历、创作概况。
2. 培养学生查阅、收集、整理资料的能力。

【活动内容】

课前准备:
1. 收集张爱玲生平经历、创作概况的相关资料,并整理归纳。
2. 将整理的资料制成 PPT 或音频、视频。
3. 推荐一名讲解员在课堂上简要介绍张爱玲生平及创作概况。

· 151 ·

课堂讨论：
由教师随机抽选2～3组同学进行资料收集情况汇报。

活动2 研读《金锁记》撰写论文

【活动目标】

1. 张爱玲小说的特色，深入把握张爱玲小说在女性解剖和都市发现方面的现代性特征，分析其既传统又现代，既通俗又先锋，既雅又俗的艺术创新。
2. 培养学生文本解读的能力。
3. 熟悉科研论文的基本流程。

【活动内容】

1. 精读《金锁记》，并对其中印象深刻或者感触较深的语句或段落进行勾画。
2. 同学朗读自己勾画的语句或段落，并说明其精彩的原因。
3. 根据作品《金锁记》，参考教材，归纳《金锁记》的艺术特色。
4. 根据作品《金锁记》，撰写论文。
（1）查阅、收集、整理张爱玲《金锁记》的相关资料。
（2）归纳国内外对《金锁记》的研究动态。
（3）每组先列举可以从哪些方面对小说进行分析，之后拟定论题。教师批改并从学生所拟定的论题中选择一个论题。
（4）学生根据教师确定的论题再次收集、梳理资料，特别注意相关理论文献的查阅；并填写下表。

专业		班级		学生姓名	
论文(设计)题目					
一、本论题国内外研究动态					
二、本论题的研究意义					
三、研究方法、研究内容、拟解决的主要问题					
四、主要参考文献					

（5）学生拟写提纲，教师审查并批改。

（6）根据提纲撰写规范的科研论文（严格按本科毕业论文要求进行论文写作。）

（7）各组进行模拟答辩，其中一位作为答辩学生，其他成员则轮流担任答辩组长、答辩组成员、答辩秘书。

注：本次活动中活动内容的第(6)步骤可以安排在假期完成，可以在假期完成论文的基础上开学进行第（7）步骤。

【理论梳理】

联系童庆炳编写的《文学理论教程》，分析《金锁记》涉及的相关理论。

（1）典型：第十章第二节（文学典型）。
（2）文学意蕴层：第十章第一节（文学文本层次）。
（3）弗洛伊德心理分析学文艺观：详见西方文论教材。
（4）意境：第十章第三节（意境）。
（5）结构：第十一章第二节（叙事内容）。
（6）行动序列：第十一章第二节（叙事内容）。
（7）故事时间：第十一章第三节（叙事话语）。
（8）叙事视角：第十一章第三节（叙事话语）。
（另外，学生可联系以下理论对作品进行分析：象征、悲剧、蒙太奇。）

【必读作品】

《金锁记》

【参考文献】

[1] 陈子善. 说不尽的张爱玲[M]. 上海：三联书店出版社，2004.

[2] 刘锋杰. 张爱玲的意象世界[M]. 宁夏：宁夏人民出版社出版，2006.

[3] 刘俐俐. 张爱玲隐喻性小说艺术与中国文学传统[J]. 清华大学学报（哲学社会科学版），2012（5）.

[4] 刘锋杰. 故事下的故事——张爱玲作品的叙事分析[J]. 清华大学学报（哲学社会科学版），2012（5）.

[5] 韦黄丹.《金锁记》中长安的悲剧人生重探——张爱玲对传统女性宿命的控诉 [J]. 名作欣赏，2015（12）.

[6] 李红芳. 一间华美而苍凉的屋——从杨义《中国叙事学》看《金锁记》的结构艺术 [J]. 名作欣赏，2013（29）.

【拓展思考】

1. 通过具体创作分析作者个人经历对其创作的影响。
2. 从叙事策略上对文学作品《半生缘》与影视作品《半生缘》做比较。
3. 探析张爱玲创作中悲剧风格形成的原因。
4. 试析张爱玲小说中"月亮"这一意象。
5. 以《金锁记》为例,试论比喻语义的实现过程。
6. 试析《金锁记》中"长安"这一人物形象。
7. 以《金锁记》为例,分析张爱玲小说既传统又现代的艺术特征。
8. 通过具体作品试析张爱玲小说的语言的绘画美。
9. 试析张爱玲小说中反讽的言语特征。
10. 试析张爱玲小说中的女性意识。
11. 通过具体作品试析张爱玲小说中的日常生活叙事。

单元二十一 艾 青

【单元学习目标】

1. 明确艾青在诗歌史上的意义。
2. 训练学生的诗歌阅读和鉴赏能力。
3. 检查学生是否把握评论诗作的方法。

活动 1　朗读诗作

【活动目标】

1. 初步体会艾青诗歌的思想，诗人的诗绪，具备较充分的审美体验。
2. 巩固学生已掌握的阅读方法和技能。

【活动内容】

1. 安排不同小组负责搜寻艾青的代表诗作，并在课外自行练习诗歌朗诵。
2. 各组推选一名成员在课堂上进行诗歌朗诵，要求制作幻灯片，幻灯片上有诗作原文，附以相应的配乐。
3. 教室课堂上抽选学生进行诗歌朗诵。

（朗读时，学生应抛开一切既有结论或看法，阅读主体（完全投入作品）努力获得第一印象和最初体验。）

4. 教师可在其间播放经典的诗歌朗诵视频，如：《雪落在中国的土地上》《我爱这土地》《黎明的通知》。

活动2 分析作品《雪落在中国的土地上》

【活动目标】

1. 通过具体的诗作把握艾青诗歌创作中独特的意象。
2. 通过具体的诗作把握艾青诗作中忧郁的诗绪。
3. 通过具体的诗作把握艾青在艺术形式所显示的特色。
4. 使学生把握评论诗作的方法。

【活动内容】

1. 面对一篇具体的诗作，说一说可以从哪些方面把握诗作？
2. 分析作品《雪落在中国的土地上》。
（1）查阅、收集、整理艾青及《雪落在中国的土地上》的相关资料。
（2）归纳国内外《雪落在中国的土地上》的研究动态。
（3）每组拟定一个论题，教师批改所提交论题并从学生所拟定的论题中选择一个论题。
（4）在提交的论题中，教师选择其中有价值、可操作性强的论题，并确定3~5个论题。
（5）学生根据论题草拟提纲，并对其中的一个论点做详细论证。

活动 3　梳理新诗发展史

【活动目标】

1. 明确艾青在文学史上的意义。
2. 培养学生的史学意识。

【活动内容】

课前准备：
1. 按照时间顺序，梳理中国现代文学阶段新诗的发生、发展和流变过程。
2. 为课堂陈述中国新诗的发展概况做准备。

课堂讨论：
1. 教师抽选同学讲解中国现代文学阶段新诗发生、发展概况。
2. 教师梳理中国现代新诗的发展和流变过程，注意提醒其间的逻辑承传关系。
3. 在以上工作的基础上明确艾青在文学史上的意义。

【理论梳理】

联系童庆炳编写的《文学理论教程》，分析《雪落在中国的土地上》涉及的相关理论。
1. 文学的审美意识形态属性：第四章第二节（文学审美意识形态属性）。
2. 意境：第十章第三节（意境）。
3. 话语蕴藉属性：第四章第三节（文学的话语蕴藉属性）。
4. 景与情：第十二章第二节（抒情性作品的构成）。

5. 象征：第十二章第二节（抒情方式）。
6. 抒情角色：第十二章第二节（抒情方式）。
（另外，学生可联系以下理论对作品进行分析：现实主义、现代主义。）

【必读作品】

《大堰河——我的保姆》
《我爱这土地》
《雪落在中国的土地上》
《手推车》
《旷野》
《黎明的通知》

【参考文献】

[1] 卞之琳.人与诗：忆旧说新[M].北京：生活·读书·新知三联书店，1984.

[2] 艾青.与青年诗人谈诗[M]//艾青.艾青全集.河北：花山文艺出版社，1991.

[3] 程光炜.艾青传[M].北京：十月文艺出版社，1999.

[4] 王泽龙.走向融合与开放：艾青诗歌意象艺术的探索[J].华中师范大学学报（人文社会科学版），2007（1）.

[5] 陈卫.神与光——论艾青诗歌及文学史形象[J].文学评论，2009（6）.

[6] 高永年.艾青"诗歌散文美"与叙事精神的弘扬[J].江苏社会科学，2010（5）.

[7] 李怡.艾青的警戒与中国新诗的隐忧——重新审视艾青在"朦胧诗论争"中的姿态[J].北京师范大学学报（社会科学版），2011（3）.

[8] 张建宏. 音乐、绘画、电影的三重文本《雪落在中国的土地上》艺术赏析[J]. 名作欣赏，2012（12）.

[9] 李妮. 色彩与情感：艾青诗歌中的"色彩体系"及其忧郁诗风的表现[J]. 杭州师范大学学报（社会科学版），2014（3）.

【拓展思考】

1. 论艾青早期诗歌的悲剧意识。
2. 论艾青早期诗歌中的"忧郁"及其成因。
3. 论"艾青体"在中国新诗史上的独特性。
4. 论艾青诗歌中"土地"（"太阳"）意象及其思想内蕴。
5. 论象征主义对艾青诗歌创作的影响。
6. 联系具体的诗作，探析艾青诗歌创作中对"诗的散文美"的践行。
7. 通过具体的诗作论述艾青诗歌绘画美的建构。
8. 结合具体诗歌创作思考：为什么说艾青代表中国现代诗歌逐步达到了"历史的综合"。

【研读论文】

自我与时代的心史
——重读《雪落在中国的土地上》兼及艾青的诗歌意义[①]

贺仲明

（暨南大学文学院，广东广州 100632）

摘要："文革"后的诗歌史，艾青的地位呈现明显下滑趋势。

---

① 发表于《长沙理工大学学报》（社会科学版），2015年第5期。

这主要关联其诗歌特点与时代风尚的不一致：艾青诗歌强烈的时代和群体色彩及以抒情为中心的艺术风格，与当前诗歌界流行的个人性和知性特点存在较大冲突。但其实，艾青诗歌不是空洞群体思想的回声，而是将自我心灵与时代精神融为一体，其时代声音中贯注着诗人真实的感情和感受。而且，抒情诗歌与知性诗歌各有所长，并不适合简单地臧否与取舍。艾青的名作《雪落在中国的土地上》典型体现出艾青诗歌的特色，具有不可忽略的历史地位。

关键词：艾青；《雪落在中国的土地上》；自我；时代

长期以来，在文学史界存在着所谓的"大我"与"小我"之争，也就是文学究竟应该属于个人书写还是时代书写。诗歌界的表现最为典型。如在 20 世纪 50 年代至 70 年代末的近三十年间，是积极揄扬"大我"对"小我"横加挞伐的时代，徐志摩、李金发、冯至等以表现个人感情为主的诗人都被贬到边缘，郭沫若、贺敬之这样与时代关系密切的诗人则受到大力推崇，《凤凰涅槃》《雷锋之歌》等几乎成为诗歌的代名词。但是，80 年代之后，情况发生了颠覆性的变化，诗歌几乎成了"个人"和"自我"的代名词，曾经被推至诗坛峰顶的郭沫若、贺敬之等时代性诗人遭受普遍的质疑和批评，完全远离诗坛中心。

然而，这种略显简单化的变换也许不应该是诗歌（文学）评价的正常方式。也就是说，无论是片面的张扬时代和集体，还是极力地回归自我和个人，都存在极端化的缺陷。究竟以自我还是以时代为中心，只能是诗人（作家）的个人选择，而不同的选择也完全可能呈现各自的特色，达到相应的高度。事实上，更普遍的情况是将个人与时代特征予以结合。特别是那些受到广泛好评的优秀作品，大都熔铸了自我与时代的双重因素。这些作品中既有真实的自我，又不局限于个人，它们能够在个人基础上透射出更广泛的关怀，呈现出更宽广的视野。

艾青的著名诗歌《雪落在中国的土地上》就是如此。这首广为人们传诵的诗歌,真切地传达了个人对民族、国家的深厚感情,又展现了抗战时期中国土地的艰辛、苦难和奋争,可以说,诗歌所抒发的,既是自我的诚挚心灵,也是时代的沉重心史。这首诗歌虽然不被时下许多诗歌评论家所重视,但正如其中的名句"雪落在中国的土地上,寒冷在封锁着中国呀"一直为人所传诵,作品的价值值得我们更深入地探讨和认定。

一

《雪落在中国的土地上》创作于 1937 年 12 月 28 日,正是中国抗战局势急剧恶化的时候。当时艾青刚落脚于湖北武汉,一个寒冷而带着雪意的冬夜,寒冷萧瑟的天气,家园沦丧和困顿生活的悲愤,凝成了喷涌的诗情,也造就了文学史上的这首名作。诗歌发表在 1938 年 1 月出版的胡风主编的《七月》杂志上,1939 年 1 月收录在诗集《北方》中[1]45。

诗歌以"我"想象中的视角,细致地展现了一个中国北方冬天的雪夜,那些被日寇侵凌下的百姓生活场景。有"那从林间出现的/赶着马车的/你中国的农夫",有"沿着雪夜的河流,/一盏小油灯在徐缓地移行,/那破烂的乌篷船里/映着灯光,垂着头/坐着的……""蓬发垢面的少妇",有"就在如此寒冷的今夜,/无数的/我们的年老的母亲,/都蜷伏在不是自己的家里,/就像异邦人/不知明天的车轮/要滚上怎样的路程……"尽管年龄、身份有别,但他们或漂泊无依,或颠沛流离,都遭受着侵略者的杀戮和凌辱,都处在生存的艰难和苦痛当中。正如评论家所说:"诗人对古国的黑暗和冷酷有深刻的感受,他唱的挽歌是非常深沉的。他对人民的苦难有深刻的同情,他描述的穷人的形象,是使人禁不住感到伤痛的。"[2]诗歌中的这些百姓,既是真实的个体,也象征和代表着更广大的中国老百姓,代表着灾难深重的中华民族。

除了人的生存,诗歌还展现了更广阔的自然世界。在战争的阴影下，大自然也同样是阴暗而沉重的。除了"阴暗的天"，还有同样冷酷而无情的"风"，"像一个太悲哀的老妇，/紧紧地跟随着/伸出寒冷的指爪/拉扯着行人的衣襟，/用像土地一样古老的话，/一刻也不停地絮聒着……"以及更辽远而抽象的生活画面："透过雪夜的草原/那些被烽火所啮啃着的地域，/无数的，土地的垦殖者/失去了他们所饲养的家畜/失去了他们肥沃的田地/拥挤在/社会的绝望的污巷里，/饥馑的大地/朝向阴暗的天/伸出乞援的/颤抖着的双臂"。这些画面，与前面描述的那些人物形象一道，共同构成了北方雪夜的整体图景，折射出中国社会的沉重现实。这一切就如同诗歌的中心意象"雪夜"，既寒冷又沉重，静寂无声，却压在每一个中国人的心上，让人苦闷、忧郁又无奈。诗歌中反复吟唱的主题诗句"雪落在中国的土地上，寒冷在封锁着中国呀……"更淋漓尽致地展现了这一主题。

这样寒冷的冬夜，这样艰辛的百姓生活，诗歌的基调自然忧郁而沉重，它蕴含着诗人强烈的民族忧患意识，也体现了诗人的独特敏感。诗人深刻地洞悉到了战争中的苦难和沉重，认识到"中国的路/是如此的崎岖/是如此的泥泞呀"，更传达出时代性的恐惧和迷茫，包含着对民族和未来的深深忧虑。这正如诗人对创作缘由的自我表白："于是我在战争中看见了阴影，看见了危机。……我以悲哀浸融在那些冰凉的碎片一起，写下了《雪落在中国的土地上》。"[3]

然而，尽管如此，诗歌却并不给人以绝望感。它忧郁沉重，但更促人思考和关注现实的艰难处境，以唤起更坚毅的勇气。而且，诗歌还蕴含着内在的向前的力量，让人产生对未来光明和希望的期待。这源于诗歌背后强烈的爱的情感基础。诗歌在描述雪夜中那些孤独无助的漂泊者和奔劳者的时候，不是置身事外，而是完全把自己当作其中的一员，把自己所经历的苦难进行坦诚地展示，表示出与他们同命运共患难的态度。"告诉你/我也是农人的后裔""而我/也并不比你们快乐啊/——躺在时间的河流上/苦难的浪涛/曾经几次把我吞没而又卷起——/流浪与监禁/已失去了我的青春的/最可贵的日子,/我的生命也像你们的生命/一样的憔悴呀。"诗歌的结尾,诗人更将自己的写作与时代的苦难直接关联,进一步传达对时代的深切关怀:"中国,/我的在没有灯光的晚上/所写的无力的诗句/能给你些许的温暖么?"所以,人们在诗歌中,除了读到时代的苦痛,还可以感受诗人的温暖和关爱——这正显示了诗歌的独特价值。要求诗人像战士一样去冲锋陷阵是不现实的,要求诗歌一味做"子弹"和"投枪"也是得不偿失的短时功利。诗歌的意义正在于在苦难中表达温情,在痛苦中传达希望,以爱和希望的方式激励人们走出困境、走向希望。所以,虽然它不如稍后创作的《北方》那样在对历史英雄的歌吟中表达信心和希望,更不如更晚的《向太阳》《黎明的通知》一样以太阳、黎明等明丽的意象来传达对胜利的期盼,但是,这种将自己融入社会大众的感情更为具体切实,也更有感染力——对于这首诗歌所传达的感情和希望色彩,诗人显然感受很深,也颇为自信的。正如此,当诗人写完这首诗的时候,天气也很巧,真的下起雪来了,于是,他骄傲地对同行的友人说:"今天这场雪是为我下的。"[1]46-56

艾青是一个深爱祖国的人。他说:"如果一个诗人还有着与平常人相同的心的话(更不必说他的心是应该比平常人更善感触的),如果他的血还温热,他的呼吸还不曾断绝,他还有憎与爱,羞耻与尊严,他生活在中国,是应该被这与民族命运相联结的事件所激动的。"[4]42 他的早期诗作《大堰河——我的保姆》真切地传达了诗人对乡人的深厚感情,对身份卑微的保姆,对与自己没有丝毫血缘关系的保姆的子女们,诗人都充满着真诚的关切,抒发了对故乡土地、人民的真挚感情。抗战时期的艾青,颠沛流离,耳闻目睹了许多家破人亡的惨痛事情,以及惨不忍睹的人寰悲剧,强烈地感受着时代的压抑和压力,更强化了对故土、百姓的关切深情。在《雪落在中国的土地上》创作前的几天,当他听到家乡杭州被沦陷时,陷入极度悲愤的境地的他,以散文形式表达自己热爱家乡和悲痛的心情:"今天,我想念着杭州,我想念着,眼前就浮起了它(少时)的凄凉,我是极度的悲痛着,但我却不再流泪了。"[5]而在距离诗歌创作过去了四十多年后的1983年,艾青在回答南斯拉夫记者采访时还说:"我对土地、家乡、穷苦人,总是充满同情。我写得《我爱这土地》,我把自己比作一只鸟,即使我死了,羽毛也要腐烂在故土上面。诗的最后,我说:'为什么我的眼里常含泪水?因为我对这土地爱得深沉。'这前一句也许有些夸张;这后一句,的确是发自灵魂的真音。"[1]54

正是这种真实而强烈的个人感情,使诗歌的时代抒写不是空泛的口号而是特别的真切,诗歌中的"我"也同时具有了真实的艾青个体和时代抒情者的双重身份。从深层次上看,诗歌在思想情感上所具有的忧郁沉重和激人奋进的效果,正是来源于个人与集体、自我与时代和谐共振的关系。真实的自我感情,赋予了诗歌以强烈的关爱,而对时代的内在关切,又是真实自我情感的源泉。所以,诗歌既充盈着真实深切的自我情感,又传达出了时代的现实和精神状况,兼具真情的感染力和时代感召力。

正因为如此,著名诗人牛汉这样评价这首诗:"他的诗是艺术生命形态的生成和创造。语言不是简单的情绪的外化,而是与内在生命不可分割的,它整体地形成了诗的有声有色有形的搏动着的生命体。"[6]133确实,诗人的喉咙不能只为一己的哀乐而歌唱,如果这样,他的诗歌也就不能拥有更广泛的意义,不能被更广泛的读者所接受和喜爱。读者只有在他的诗歌里读到了自己的真实生活,或者在其中发现了自己的匮乏,才可能对之产生兴趣,被其所吸引。在这个意义上,诗人既要是真实的自我——只有真实的诗人才能具有真情,才能感动人——同时又要是超越性的时代——只有这样,才会有更广泛的读者在诗歌中发现自己的生活,感受到自己的时代。所谓的"诗史",都是如此!

二

艾青的诗歌艺术被很多人认为是中国新诗的集大成者,它融合了前人的浪漫主义和象征主义,也凝聚了"自由诗"和"格律诗"的某些因素。但也有批评家认为艾青的诗歌过于"散文化",忽略了诗歌的音乐性特征。这一点,就像很多人评价倡导"自由诗"的郭沫若一样,认为他们对新诗发展方向有不好的引导。在这些人看来,诗歌离不开歌的韵味和音乐美的特征,如果失去了这些,就难以称得上是诗歌。

如何看待中国新诗的形式,特别是对于自由与格律,确实是仁者见仁智者见智,很难有截然的定论。就上面从音乐性角度对新诗和诗人的批评也不能说完全没有道理。但是,笔者以为,诗歌确实不应该离开音乐性,但是音乐性内涵不应僵化固定,而是发展变化的,在变化中体现出新的音乐美。

《雪落在中国的土地上》在诗歌的韵律上也给我们以启发。它虽然是散文的形式,但却绝对不同于一般的散文化。它有一种贯穿性的情感,这种情感主导了作品的语言和节奏,也形成了一种内在的韵律,而这内在的韵律正是我们许多自由诗所匮乏的。就像牛汉先生对艾青诗歌韵律的评价:"读艾青的诗(不仅指《北方》),我们仍能自然地读出它内在的有撼动感的深沉的节奏。艾青的自由诗,其实是有着高度的控制的诗,它的自由,并非散漫,它必须有真情,有艺术的个性,有诗人创造的只属于这首诗的情韵……"[6]145 诗歌的音乐性既表现为外在的押韵回环,更应体现为内在意核、节律的贯通。

《雪落在中国的土地上》的这种音乐美,不只是技术上的原因,它更是思想和情感上的结果。也就是说,艾青诗歌散文化的形式特征和内在的节奏韵律美,在根本上来自诗人对自我与时代关系的巧妙处理。

从时代角度考虑,为了再现时代的纷繁和复杂,以现代汉语的形式,是不可能采用那么机械的形式的,只有散文体的形式才能更充分地展示时代的状貌。在《雪落在中国的土地上》中,采用了异于古典意蕴却又非常典型的诗歌意象,它们完全来自生活。如赶车的农夫,孤苦的少妇和老人……都具有鲜活的生活气息,又蕴含丰富的象征意义,描画了"像这雪夜一样广阔而又漫长"的"中国的苦痛与灾难"。从中,我们可以看到时代的具体景象——也是诗人感受到的真实现实,也可以透过其背后去洞察更深远的大的背景。

但是,艾青的诗歌又不是一味地让时代来主宰作品,诗歌中始终有内在的主体感情为主导,统率着整个诗歌,因此,诗歌能够拥有内在的节奏和韵律。《雪落在中国的土地上》整首诗歌的情感是完全的整体,对诗歌的朗诵,必须有贯穿性的情感,才能准确传达出诗人的情感和思绪。所以,在诗歌音乐性上,《雪落在中国的土地上》可以说是为中国新诗提供的一个突出个案典范。关于新诗的形式,自由与格律争论各执一词永无休止。我想,大部分人能够形成共识的是,新诗确实不能完全"自由",但也不可能真正以僵化的格律来规范它。闻一多"新格律诗"的实验失败,已经意味着表面格律化道路的终结。艾青的诗歌貌似无格律,实则有内在的韵律和节奏,并且与内容融合在一起,既不生硬勉强,而且富有变化。他这种音乐美的效果其实并不逊色于各种新格律诗。比如闻一多的《死水》、戴望舒的《雨巷》等,算是新诗史上比较有名的格律化诗歌,它们也确实显示了格律化的特色:或一韵到底,或每段用韵,都体现了对旋律化和节奏化的追求,也都因其音乐性特质而流传久远。艾青对诗歌音乐美的理解和实践方式与闻一多等人不同,但却殊途同归,都具有生动灵活的艺术效果。而且相比之下,艾青诗歌的韵律可以根据诗歌内容、情绪的需要进行自动的调整,更为自然多样,方法也更灵活,富有变化。这不是说艾青的诗歌形式就一定可以作为新诗典范和方向,但是,它的成功至少能够为新诗形式探索提供很好的启迪。

三

在今天的文学背景下，谈论艾青的诗，似乎有些逆时代潮流的意思。当前诗歌界流行的，是奥登、艾略特以及其他的欧美现代诗人，即使偶尔谈到中国新诗，主流也是穆旦、冯至、李金发，最多还有一个戴望舒。曾经在文学史上很辉煌的郭沫若、徐志摩，已经不是大家关注的焦点。艾青的遭遇也基本相似，自于20世纪80年代与一些朦胧诗人闹翻之后，主流诗歌群就基本上将艾青作为落伍者的代表，最近三十年间，艾青在诗坛的地位呈现明显下降的趋势。

这其中有因为政治或文学观念所导致的情绪化因素，但更重要的是诗歌观念方面的变化。其一是前面谈到的个人与时代关系。近年来个人写作成为潮流，艾青、郭沫若等诗歌中较强的时代气息不符合这一潮流，自然难以被人青睐。其二是对诗歌主旨由抒情到哲理的偏重。在传统诗歌观念里，抒情是诗歌最重要的要素，但近年来，在西方现代诗歌观念影响下，人们对诗歌主旨的侧重有很大变化，抒情受到贬斥，思想成为诗歌的首要要素。传统的浪漫主义诗人基本上退出人们的视野，取而代之的是以哲思见长的诗人，知性诗歌成为最受推崇的类型。中国现代诗歌方面，穆旦、冯至、卞之琳的地位已经远远超过了曾经辉煌的郭沫若、艾青等。

从诗歌观念看，随时尚的发展而有所变动是很正常的事，或者说这是文学经典化的一个必需过程，只有经过时间和风尚的反复淘洗，才能留下真正的珍宝。但是，完全以时尚作为文学的评判标准，也难以沉淀真正的经典，它们更需要客观全面的辨析。

其一，需要对个人感情与时代感情有所区分。诗歌当然要以个人真情实感为基础，只有情感真挚，才能具有感人的力量。但是，如果仅仅局限于一己情感，不能将之升华与拓展，诗歌的境界、格局始终会受到局限。只有将个人情感与更广泛的社会关怀结合起来,才可能达到更高的文学境界,实现更高的价值意义。一个诗人在创作中需要思考:诗歌究竟是为什么而写作?也许存在着一些为自己写作或为未来写作的诗人,他们也会在一定的潮流中被认可、被追捧,但是任何在诗歌史、文学史上留下自己名字的诗人,都必须首先在自己的时代深深地刻下印迹,在自己的民族文化中拥有一席之地,这样他才有可能真正进入历史的空间。能够与时代如此之紧密地联系,铸就了艾青诗歌的内在魅力,也是抗战时期文学的宝贵遗产。

  笔者以为,只有将个人和时代和谐统一、将个人情感予以时代性和人类性升华的诗歌,才是最有价值的诗歌。艾青说过:"最伟大的诗人,永远是他所生活的时代的最忠实的代言人;最高的艺术品,永远是产生它的时代的情感、风尚、趣味等等之最真实的记录。"[4]45 显然,他是以之作为他诗歌创作的追求目标。《雪落在中国的土地上》正是从"小我"的真诚和深切出发,却蕴含着强烈的时代创痛,表达了难以排遣的民族苦难和生存苦闷,以及对未来、对自由难以遏制的渴求,它是将自我与时代融合和升华的杰出作品。

  其二,诗歌中的思想和情感的地位问题也应该更全面地分析。的确,在中国现当代诗歌界,存在着抒情泛滥、虚假的情况,而思想的厚度也会增加诗歌的深度意义。但是,也不能一概而论,对于诗歌,情感的力量从来都不应该缺失。事实上,真诚、坦率、质朴的感情,特别是蕴含了更广泛内涵的感情,也是有感染力、穿透力的。建立在真实生活感受基础上的抒情诗歌自有其魅力。诗歌针对的主要还是人的情感世界,情感往往与具体的人、生活密切联系。所以,我们不宜将抒情或思想作为诗歌发展中相互割裂的两种方向,而是应该以更宽容和丰富的态度对待它们,促进诗歌风格的多样化发展。

  特别是就中国诗歌传统来说,保持自己的抒情个性,使其往深远处发展,也许更有意义。《雪落在中国的土地上》就充分体现了抒情的真诚和质朴。它没有丝毫的炫耀和玄虚,而是将自己与农民等同,心灵相连,感情朴素而真切。在诗集《北方》的序言中,艾青写道:"我是酷爱朴素的,这种爱好,使我的情感毫无遮蔽,而我又对自己这种毫无遮蔽的情感激起了愉悦。很久了,我就在这样的境况中写着诗。"[7]

为了更好地比较诗歌的个人与时代、知性诗歌与抒情诗歌的特色和意义,我们可以选择抗战时期著名诗人冯至的著名作品《我们准备着深深地领受》来与《雪落在中国的土地上》进行比较。冯至的诗歌重视哲理性和个人性,他的诗集《十四行诗》近年来广受推崇,《我们准备着深深地领受》是其中流传最广泛的一首。全诗是这样的:"我们准备着深深地领受/那些意想不到的奇迹,/在漫长的岁月里忽然有/慧星的出现,狂风乍起;/它们的生命在这一瞬间,/仿佛在第一次的拥抱里/过去的悲欢忽然在眼前/凝结成屹然不动的形体。/我们赞颂那些小昆虫,/它们经过了一次交媾/或是抵御了一次危险,/便结束它们美妙的一生。/我们整个的生命在承受/狂风乍起,彗星的出现。"冯至的这首诗歌确实意蕴深沉,它致力于对抽象的生命和哲学意义问题的深邃思索,富有思想的穿透力和洞察力,而且,其诗风内敛,感情深藏在意象和思想的背后。不过,就与时代的关系看,这首诗歌体现得不是很明确,诗歌几乎完全融化在个人的思想世界里,与时代几乎没有什么明显的关联,也难以在诗歌中感受到当时的战争背景和时代氛围。艾青的《雪落在中国的土地上》风格与之完全不一样,其沉重深切,浓烈的时代气息和个人感情传达,体现的是另一种诗歌趣味和艺术追求,它更容易为人理解、接受,也更容易产生社会性的感染力。两首诗歌属于知性诗歌与抒情诗歌的不同典型,其思想艺术魅力和社会影响也存在较大差异。

所以,虽然我们不能要求所有的诗人都关注时代,但可以期待所有诗歌都真诚,都有比自我更深远的关怀。同样,我们可以喜欢艾略特、穆旦、冯至那种充满知性和理性光辉的诗歌,但也不会忘记普希金、聂鲁达和艾青这样优秀的抒情诗人。诗歌的殿堂本来就应该是丰富的、多元的,而不应该是单一的、狭隘的。特别是从抗战的特殊时代背景上看,我们更应该看到艾青诗歌方向的意义,在民族危难的时期,沉湎于个人世界显然是对于自我责任的逃避,关注时代也正是关注自我。在这个意义上,艾青的《雪落在中国的土地上》从深重的民族危难中走来,也必将更长久地融化在我们民族的历史中、文学中。无论在任何时代,这样的作品都不会失去其经典意义,也不会丧失其深广的感染力。

参考文献

[1] 叶锦.艾青年谱长编[M].北京:人民文学出版社,2010.

[2] 胡风.回忆参加左联前后(五)[J].新文学史料,1985(2):27-35.

[3] 艾青.为了胜利——三年来创作的一个报告[M]//海涛,金汉,编.艾青专集.南京:江苏人民出版社,1982:167.

[4] 艾青.诗与时代[M]//艾青.诗论.南京:江苏文艺出版社,2010:42,45.

[5] 艾青.忆杭州[M]//艾青.艾青全集.石家庄:花山文艺出版社,1991:6.

[6] 牛汉,郭宝臣.艾青名作欣赏[M].北京:中国和平出版社,1993.

[7] 艾青.北方:序[M]//海涛,金汉,编.艾青专集.南京:江苏人民出版社,1982:82.

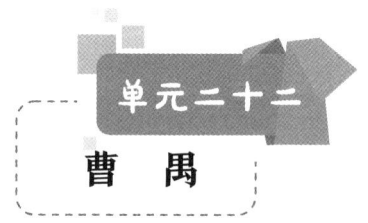

单元二十二

曹 禺

【单元学习目标】

1. 明确戏剧常识,把握戏剧文体特点。
2. 了解曹禺在现代话剧上的艺术成就。
3. 引发对经典性作品多角度阐释的尝试。

活动 1　熟悉剧本的基本特征

【活动目标】

1. 掌握剧本这一基本的文学体裁,明确剧本的基本特征。
2. 播放话剧《雷雨》,通过作品理解剧本的基本特征。

【活动内容】

1. 参考童庆炳编《文学理论教程》第九章第一节"文学作品的类型"中"剧本"部分,掌握"剧本"的定义及其基本特征。

2. 教师播放话剧《雷雨》,学生通过作品理解剧本的基本特征。

活动2　表演剧作片段

【活动目标】

1. 认识尖锐的戏剧冲突，品味个性化、动作化的戏剧语言，加深对戏剧作品的体验。
2. 提升学生的语言表达能力。
3. 在鉴赏中使学生得以充实精神生活，加深对现实生活和人性本质的思考。

【活动内容】

课前准备：

1. 每个学生反复品读作品，初步体会人物思想情感和性格特征。
2. 学习小组选择其中的片段，分角色进行表演。

课堂讨论：

1. 教师抽选2~3组学生进行现场表演，并由扮演者简要说明所表演片段中反映的人物心理和人物性格。
2. 学生互相评价是否表现出人物的内心及人物间的矛盾冲突。

活动3　《雷雨》是否符合古典戏剧创作的"三一律"观点

【活动目标】

1. 把握戏剧这一基本文学体裁的基本特征。

2. 熟悉通过理论分析具体作品的方法。

【活动内容】

1. 学生在课前先明确"三一律"的戏剧创作观点。
2. 学生在课前思考:《雷雨》比较严格地遵守了传统戏剧的一个观点,即"三一律",是中规中矩符合古典戏剧创作原则的一作品,你是否赞成这一评价?并请联系作品进行具体的分析说明。
3. 课堂教师抽选学生作答,并引导学生学习如何评析话剧艺术。

活动4　讨论周朴园的情感心理

【活动目标】

1. 体会《雷雨》在人生和人性开掘方面的艺术表现力。体会《雷雨》中表现出的丰富、复杂的人性,了解人性世界的真善美丑,使学生在情感态度与价值观方面得到熏陶感染。
2. 学会分析人物形象,理解人物行为,将文本的内涵内化为自己独特的人生体验。

【活动内容】

1. 可从哪些方面进行小说中人物形象的分析?
2. 话剧中的人物形象主要通过台词塑造。梳理周朴园在各种人物关系中的表现(台词),归纳周朴园这一形象的独特性。
3. 分析周朴园在各种人物关系中的情感、心理,挖掘其中的文化内涵,并总结出作品表现出的周朴园的总体情感心理历程。

4. 教师引导学生体会《雷雨》中表现出的丰富、复杂的人性，明确《雷雨》的思想价值及艺术价值。

活动 5 《雷雨》的主题

【活动目标】

1. 对经典作品做多角度阐释的尝试，建构丰富多样的文本意义。
2. 开拓学生思维深广度。
3. 阅读经典，体悟人性，为人生，为成长留下一个思考的节点。

【活动内容】

1. 学习小组课前进行讨论，归纳总结《雷雨》主题。
2. 学生小组课前针对《雷雨》主题研究，查阅相关论文，并做观点整理。
3. 课堂上每组的发言人说说本组对《雷雨》主题的理解；汇报论文查阅情况，说说关于《雷雨》主题的研究，国内外存在哪些观点。
4. 教师归纳国内外研究《雷雨》主题的主要观点，说说《雷雨》主题的研究是怎样折射出半个世纪中国文学批评的发展，使学生认识到社会意识形态的改变对文艺批评的影响。

【理论梳理】

联系童庆炳编写的《文学理论教程》，分析《雷雨》涉及的相关理论。
1. 文学作品的体裁：第九章第二节（文学作品的基本体裁）。
2. 悲剧理论：详见美学教材。

3. 现实主义：第九章第一节（文学作品的类型）。
4. 戏剧言语：第九章第二节（文学作品的基本体裁）。
5. 戏剧冲突：第九章第二节（文学作品的基本体裁）。
6. 结构：第十一章第二节（叙事内容）。
7. 文学典型：第十章第二节（文学典型）。
8. 故事时间：第十一章第二节（叙事话语）。
（另外，学生可联系以下理论对作品进行分析：象征。）

【运用理论分析作品示例】

分析《雷雨》中运用的"悬念"。

  提示：

（1）明确悬念的概念、悬念的分类及作品中设置悬念所起的作用。

（2）《雷雨》中的悬念设置。

  ① 有哪些类型的悬念。

  ② 剧本是怎样设悬、释悬。

（3）《雷雨》中设置悬念所起的作用。

  ① 形成紧张（激烈）的氛围。

  ② 生动鲜明地刻画了人物性格。

  ③ 为情节的发展形成路标。

  ④ 利于主题的揭示。

（4）加强了整个戏剧的紧张性和爆发力。

【必读作品】

《雷雨》
《北京人》

【参考文献】

[1] 田本相. 曹禺传[M]. 北京：北京十月文艺出版社，1988.
[2] 钱理群. 大小舞台之间——曹禺戏剧新论[M]. 北京：北京大学出版社，2007.
[3] 朱栋霖. 曹禺：心灵的艺术[M]. 北京：北京大学出版社，2010.
[4] 邹元,江曹. 曹禺剧作与中国话剧意识的觉醒[J]. 厦门大学学报（哲学社会科学版），2007（2）.
[5] 邹红. 钱理群与新时期曹禺研究[J]. 中国文学研究，2008（4）.
[6] 蓝棣之. 两个阶级之间的爱情故事——曹禺《雷雨》症候分析[J]. 清华大学学报（哲学社会科学版），1999（1）.
[7] 陈军论.《雷雨》的超现实性[J]. 文学评论，2009（2）.
[8] 陈军论.《雷雨》"序幕"与"尾声"的作用[J]. 文艺争鸣，2009（3）.
[9] 程致中.《雷雨》的戏剧冲突和结构艺术[J]. 安徽师范大学学报（人文社会科学版），2009（4）.
[10] 陈奇佳. 因革命之名——重释《雷雨》的乱伦悲剧主题[J]. 中国现代文学研究丛刊，2013（1）.
[11] 杨经建. 存在主义的"诗"之"思"论作为象征剧的《雷雨》[J]. 厦门大学学报（哲学社会科学版），2014（3）.
[12] 靳书刚.《雷雨》研究的回顾与展望[J]. 文艺理论与批评，2014（6）.

【拓展思考】

1. 曹禺早期剧作的命运观念探究。
2. 曹禺早期剧作的意象建构及象征内蕴。

3. 请梳理学界对《雷雨》主题的研究,谈谈你对《雷雨》主题的理解。

4. 从叙事视角论述《雷雨》家庭史的戏剧性。

5. 分析《雷雨》中繁漪(周朴园、周平)人物形象。

6. 试论《雷雨》序幕和尾声的作用。

7. 试论《雷雨》的戏剧冲突。

8. 试论《雷雨》的结构。

9. 从语言学角度试析《雷雨》中修辞手法的运用。

10. 论述《雷雨》中的环境描写。

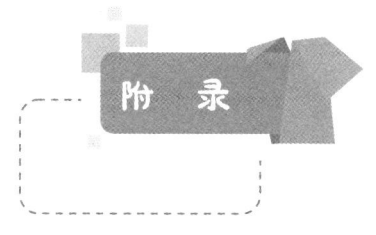

附录一　文学课程中理论的应用

**应用型本科教育：
以教学系为角度的内向型与外向型工作**

王远明[①]

（四川民族学院文学院，四川康定 626001）

摘要：在教学系立场，从主导与组织的角度，根据对应用型教育的一般理解，必须将向应用型教育转型视为一个结构性、系统性工程，在教学系的内向型工作中，其结构分层表现为以用为纽带重建的课堂结构和课程结构，以结构的能动性建设为旨归的学科建设，在教学系的外向型工作中，应促成应用型转型的良好工作局面。这些工作各有其结构性的着力点，只有找准那些着力点，才能实现向应用型教育转型的新的建构，如此才能综合体现应用型本科教育的实质。

关键词：内向型；课堂结构；课程结构；学科建设；外向型

向应用型本科教育转型的及物性和问题意识极易指向专业

---

① 王远明：1968 年生，男，汉族，四川武胜人，教授，研究方向为中国现代文学、民间文学。

设置与建设、人才培养的价值取向、目标及方案,学科教学方式、课堂结构等基本问题,这些基本问题在人才培养中本身就具有系统性和结构性,向应用型转变由此变为教育的结构性系统性的重构,如以教学系在转型中的作用为出发点,如何做到向应用型转变,则是一个显性问题中的基本问题,这关涉形成如此观瞻的内部层次、结构和支撑,如此才能综合体现应用型本科教育的实质。

一、课堂结构的转型

向应用型本科教育转型,就应用型的构想而言,涉及应用内容与领域的针对性、应用能力与水平的相当性,它显性地将第一着力点针对向课堂,即以培养应用型人才为目标的课堂结构的转型,要实现这种转型,最能动的因素是作为主导的教师和作为主体的学生,以及构建这种师生关系的教学内容、手段、方法、措施等。在转型初期,教师主导性作用的充分发挥作为基础性工作,显得极为重要。这种基础性工作的着力点是对"学"与"用"的目标设计与"学""用"结合的方式设计。

(一)应用型本科教育"学"的设计

1. "学"基本理论

"学"在应用型本科教育构型中有两个核心指向:一是指向本科专业和通识教材的学科构建性理论,分别涉及人才培养的专业化、组织化、社会化;二是指向本科毕业生专业就业领域所需的基本理论及其应用能力,分别涉及专业应用型与人才应用型。应用型本科教育构型的核心指向不仅在于人才培养类型的应用型,而且也尊重并兼顾了人才成长在专业化、组织化、社会化等方面的个体差异,即三个方面取向的比较性差异和同一方面的比较性差异,使人才除向应用型成长以外,增加了向学术型、技能型、创新创业型成长的可能性,这是应用型教育构型的差异性指向。"学"的核心指向和差异性指向共同建构起本科应用型教育构型,在教育的同一性中体现差异性,从而做到"有教无类"。

第一，进行专业同一性、基本性的建构性定位。按照教育部专业目录的要求，专业主干课程分属相关学科，由此，我们可以对这些课程进行学科定位，这种被定位的学科，体现了专业的学科性建构。

根据教育部颁布的规划教材，对这些学科的建构性理论进行梳理，形成对本科人才培养清晰、完整的同一性和基本性理论方案认知。

第二，进行专业应用型定位。专业设置本身就暗含着就业领域，这些就业领域与专业本身的关系在于，一是专业性就业，二是专业拓展性就业，三是能力拓展性就业，对专业进行应用型定位，首要在于对专业进行核心应用型定位，这样的定位方式是比较级的，即通过将专业的同一性、基本性、建构性理论与专业核心应用型领域的对专业人员的理论的国标（如师范类专业的新课标）要求或行业要求、职业要求进行比对，确立专业应用型理论定位。

第三，进行专业服务领域的人文定位。专业特色定位需要通过与区域对接予以确立。区域定位对本校应用型人才培养来说是一个值得思考的问题。如果就四川民族学院作为地方性院校而言，以四川藏区作为区域定位是必然和必须的，但这定位必须满足两个前提，一是学校生源区以四川藏区和周边藏区作为唯一生源区，但这些生源区不能满足本校的办学的规模需求；二是四川藏区和周边藏区能够吸收大比例学生的就业，但四川藏区经济社会发展的现实规模和预期规模决定了其人才需求种类多、数量少，多数比例的毕业生需要去其他地方就业。当这两个前提无法得到满足，就产生了生源区和就业区相应扩大的事实，进而形成事实上的服务区位，即四川藏区和周边藏区，四川省和周边省（市、区），这是本校办学以来为扩大办学服务区域努力奋斗的良好结果。笔者认为，目前四川民族学院的区域服务格局，为培养区域内各族学生创造了一个可供作为的良好氛围，一是能在学校内可以加强各民族文化的交流，增进青年学生对统一的多民族国家的了解、热爱和团结；二是能够在学校内将现代文明的发展水平和各地区的需求进行比照，培养学生对区域发展的担当意识；三是能够鼓励各族各专业尤其是与社会经济文化发展需要的各专业学生到藏区就业；四是形成各族学生的跨地区就业形态和区域回馈，为促进区域协调共同发展贡献力量。这种定位可简述为立足四川藏区，服务藏区及周边。进而将本校打造为统一的多民族国家民族教育的特色办学体。专业服务区域和特色定位为打造本校的公共课程平台提供了施展平台。

对这些学科的结构性理论进行梳理，目的有三：一是形成清晰、完整的本科应用型人才培养理论方案；二是形成课程规划教材与专业就业领域相结合的基本理论、基本知识基本能力、基本素质实训大纲；三是通过对理论与实践的设计，根本地体现"学""用"结合的原则，体现本科专业学生成长的职业性、地域性、特色性。

2."学"基本理论产生的实践基础

对理论进行实践性还原。理论来源于实践，决定了学习理论的基本方法之一，就是把握理论产生的实践基础，从实践基础可以看到理论家们的问题意识和及物性，进而把握理论形成过程、解决方案和发生逻辑。理论的发生逻辑决定了理论产生的前提要素（场域、已知项和假设项）、问题要素、概念要素、逻辑方法、结构性、适用边界等，此为理论之于应用的基础。

对理论进行实践性还原，不仅是学习把握理论的有效方法，而且也是将理论与实践相结合的有效示范。故笔者认为，对理论进行实践性还原，是实施应用型本科教育的逻辑起点。

理论服务于实践，当把成熟理论应用于实践去解决相关问题的时候，会检验出理论的适用性及正确性、适用边界，超出边界即无效。一般而言，进入规划教材的基本理论均为经过实践反复检验过的经典理论，接受过广泛的质疑，是已经固定的学术成果，对培养应用型人才而言，我们把重心放在学生理解、把握上，允许部分学生有依据地质疑、讨论。

（二）基于应用型本科教育有所用的逻辑起点的教学模型设计

应用型本科教育需要遵循一切从实际出发，从实践到理论，从理论到实践的原则。

1. 将理论产生的实践基础纳入课堂

任何理论均有其产生的实践基础，这种基础表现为两个方面，一是对现象的一般模式、结构和规律的认知，这种认知具有系统性，表现在实践中即为领域性，而理论形成还有理论家所面对的具体场景，这种场景是理论发现的典型场景，其中包含产生的基本要素：将场域典型化，将特殊抽象化（一般地，首先是将特殊现象抽象为概念），将抽象的概念结构化，进而形成一个由已知推导出未知并求解的理论模型（逻辑结构）。将理论所产生的实践基础具体还原到课堂，其优点在于：一是认识到理论如何产生；二是认识到理论作为一个模型的结构要素；三是认识到理论所产生的具体场域，并有助于加强实践问题的理论导向。

2. 将理论产生的思维方式纳入课堂

理论的产生在于及物性和问题意识。及物性是指作为对象的现象，现象如果具有普遍性，则具有产生理论的客观基础；问题意识是指对现象之所以如此的追问，表现为逻辑思维形式，即思维本身的符合规律性和事物的规律性。将及物性和问题意识纳入课堂，目的在于还原理论的发生逻辑，培养学生思考问题的能力。

3. 在具体实践中发现理论的适用性

将理论运用于实践，在于符合理论的目的性。既有理论有其发生场域的典型性，有其论述的结构性，有其逻辑起点的固定性。实践中面临的对象是与种种事物混合在一起的，这就严重地涉及如何把握实践对象的问题。首先是发生现象中的所包含的要素，并将要素抽象化为概念；其次是将抽象出的概念通过种属关系进行定性思考，进而将其纳入理论范畴，寻找到相关理论的适用性；其三是将既有理论的逻辑起点与从实践对象中抽象出的概念进行对接，进入从概念到判断再到推理的过程，并最终解决实践中的问题。

（三）基于应用型本科教育能够用的逻辑起点的教学设计

应用型教育最终落脚点在于理论应用而不在于理论发现，因此，如果说对理论的教学在于对理论精确把握，那么对实践对象的把握则是应用的另一重要基础。只有将对理论与实践二者做出恰当的把握，才能形成一个从实践到理论，再由理论到实践的内在结构，才能说完成了应用型教学的基础设计。

1. 设计与具体理论产生的还原性案例

如前所述，应用型教育需要将"对理论进行实践性还原"，这不仅涉及理论本身，而且也是一个实践性问题。这种案例本身就既具具象性，也具抽象性，是"对理论进行实践性还原"的另一方面的课堂表现。

2. 设计与单一具体理论相适应的应用案例

这种案例立足于既有应用的解决方案，重在由此看出理论运用于实践的思维方式。其应该呈现的思维步骤为：由教师虚拟出一个实践场域，并提出需要应用的理论和需要解决的实践性问题，由学生根据理论由已知推导未知。这是对学生进行必要的理论练习，让学生更加熟练地掌握理论。

3. 设计单一学科综合性训练方案

在单一学科教学进行到一定阶段后，对学生进行单一学科的综合性理论训练，这就需要将学科建构性理论与学科面临的具体实践问题相结合，设计系列性、综合性的单一学科训练方案，这是对理论进行学科性掌握和应用的基本手段。这对具有综合性学科理论教材的专业而言，需要制定综合性学科训练方案；对学科分级更细的专业而言，则需要制定单一课程应用训练方案。

4. 设计专业综合性训练方案

专业综合性训练方案需要体现专业的建构性学科和建构性学科的理论，该方案应该是一个学科群和交叉学科的综合性、完整性的训练方案。该方案应当建立在单一学科训练方案基础上，是对单一学科训练方案的升级。因此，作为训练的升级版，该方案在设计时需要体现时间上的可操作性，它将视单一学科训练效果来具体确定，具体地应该为本科三年级，部分同学可在三年级实施，这样就使该方案的实施从齐步走变成跑步走，以体现学生成长的差异性。

5. 设计应用型教育的组织方案

灵活设置师生地位，构建"教、学、用"双主体，逐步形成单一学科、学科群、交叉学科，且具有全员性、过程性、模拟性和创新性、递进性的应用团队，将第一课堂有效顺延至第二课堂，形成以"用"为纽带的教学效果彰显模式，为学生提供学术型、应用型、技能型、创新创业型多向发展的成长平台。

（1）灵活设置师生地位，构建"教、学、用"课堂结构。

在应用型教育的教学过程中，对教师主导地位和学生主体地位作用的发挥，需要对过程的组织来实现。教师的主导地位的发挥，需要体现在四个方面，一是前述对学科教学大纲及方案、实训大纲及方案进行以应用为旨归的有效设计，并明确学科应用目的和人才培养目标；二是形成对实施上述方案的组织方案并完成组织，这需要组织学习团队和应用团队，并督促团队形成具有目标、分工、协作、负责、组织、实施的良好内部结构；三是形成对实施方案的有效督促方案，需要形成团队符合目的的内部自我督促方案；四是进行课堂结构的有效设计，该设计需要遵循共同原则，具体表现为，破除灌输式一言堂教学模式，建立参与式、互动式教学模式，破除就理论而理论甚至言之无物的松散的教学模式，建立理论与实践有效结构的教学模式，使课堂呈现为教师讲解、师生互动、讲练结合的充分体现及物性和问题意识的有机体。学生主体地位的发挥需要体现在四个方面，一是学生踏实努力地按教师的指导进行基于个体的学习和基于团队的学习，个体学习一定要实现有学习心得体会，并在此基础上与团队形成有效交流进而形成团队心得体会，为实现班级交流、讨论打下基础；二是在团队交流和跨团队交流的基础上，发现个体兴趣和特长，自觉组成第二课堂成长团队，自觉开展专业基本训练与专业理论实践；三是自我督促和相互督促，将课堂学习所得与个人成长相结合，从专业理论素质全面培育，到专业实践能力的全面培育，从个体化、单纯化的成长，到社会化的成长，从松散化、游离化的成长，到组织化的成长；四是积极主动、有所作为的精神的自我培育和学生间的相互培育。

（2）实施全员性、过程性、模拟性、创新性和递进性应用型教育。

作为教学主导的教师需要在"教"的活动中体现学科理论发生的实践性和学科理论发展的渐进性，使之符合认识论的基本原则；要体现从理论到实训再到实践的全员性、过程性、模拟性、反复性、递进性和创新性，使之符合实践论的基本原则；要体现期望目标合理的多重性以及与学生自我成长相比较的差异性，使之符合有教无类的基本原则。在人才培养和人才成长中要遵循这三个基本原则，首要在于遵循实践论原则，因为"劳动创造了人的本身"，而其他两个原则则是以此为基础得到遵循的。因此，组建应用型团队，应该具有全员性，即把教学班中的学生按每几人一组，每组成员性别、志趣、性格等进行互补搭配；团队应该承担相应的任务，从完成预习，到形成学习报告，到参加讨论交流，到实训实践，都应完成学科直至专业的节点性学习和训练；这种团队既应有一般性，也应有特殊性，一般性团队适用于第一课堂，特殊性团队是产生在一般性团队基础上的，即从一般性团队的个别成员中，根据个人成长的情况以及个人志趣爱好，由学生自觉组成或教师引导组成，特殊性团队应承担的是对应用水平有较高要求的任务；团队的任务需要体现学科性专业性理论与实践的有效结合。

（3）应用型教育的组织方案应实现教育的开放性。

应用型教育不仅要做好第一课堂的组织，而且需要将第一课堂有效顺延至第二课堂及社会相关领域，形成以"用"为纽带的教学效果彰显模式。与第一课堂相对的其他课堂，是校园内的第二课堂和社会相关领域，这些均应成为实施应用型教育的有效平台，这样的平台应当具有显现性和承载力。

显现性平台应该具有资源统筹、协调、调动能力，通过实质性的建设，使这样的平台足以支撑学科、专业过程和节点实验、实训、实践，具有仿真性和实战性，应该由第一课堂延伸至第二课堂和社会相关领域，并由此使应用型教育通过平台显现其开放性。平台的承载力需要通过对平台进行才能得以实现。这种设计需要围绕学科、专业理论的应用，进行结构性、功能性设计。因此，这样的平台是实验、实训室和社会相关领域的工作岗位。

（4）应用型教育的组织方案应为人才成长的可能性预留足够的空间。

以理论和实践作为实施应用型教育的基本支撑，在教学设计上体现了培养应用型人才的整体性，但不能就此产生另一种主观愿望，即所有人才均成长为应用型人才。应用型教育在教学设计上还体现了节点性，这些节点表现为理论发现、理论应用、应用能力和水平、社会化组织化能力和水平等，学生在成长过程中因其志趣的倾向性，会在不同的节点投入不同力量，进而成长为学术型、应用型、技能型、创新创业型等人才类型。这也从人才成长方面体现了应用型教育的开放性，同时也对应用型教育的组织方案提出了和节点性均需要全面呈现的要求，这样才能为人才成长的可能性预留足够的空间。

以课堂结构的转型为显性标志的向应用转型的实质，是面向对象的转型，这种对象分三个方面：一是明确应用为对象的区域社会经济文化和作为对象的理论与实践能力；二是作为专业技术人员的转型，主要是指专业技术人员在人才培养过程中传授知识的方法、手段和重心的转型；三是作为对象的学生的转型，主要指学生在成长过程中，向应用理论的能力进行转型。

二、课程结构的转型

以课堂结构的转型为显性标志的向应用转型是一种新的教育建构，但课堂结构转型不是应用型建构的全部。作为一种新的构型，它不仅涉及单一层级的转型，还涉及教学系及其他层级的结构性转型，以为课堂结构的转型提供管事和服务的支撑。仅就教学系的转型而言，要实现与课堂结构转型的一致性，其逻辑起点仍然是以"用"为纽带的教学效果彰显模式。因此，课堂结构的转型必然地在新的结构内形成新的时间和空间关系：在时间上，由于应用型教育在理论的学习和应用中均需要有效时间做支撑，故在学分规范内，要架构好时间结构；在空间上，由于应用型教育在理论的学习和应用中均需要有效空间作支撑，故在平台分布上，要架构好空间结构。而对时间和空间的有效性重构，需要通过对人才培养方案的重构才能得以实现。承担这种重构的基础性工作的主体是教学系。而教学系对人才培养方案的重新建构，则需要具体表现：

首先是对专业建构性理论课进行重新确认，进而形成新的专业课程建构。笔者认为，新的专业构建性课程的确认需要遵循三原则，普遍性要求与特色性要求相结合的原则，即将高等学校专业目录的规定课程与学校满足区域定位的基本要求的特设课程相结合，将特设专业产生的交叉学科背景与学校区域定位的社会经济发展相结合，由此确定专业建构性课程，同时将各专业的公共基础平台纳入其中；理论与实践相结合的体现性原则，在应用型教育中，各门课程均应遵循理论实践相结合的原则，并体现在课时和学分结构中，且分别达到教育部要求的理论与实践学分的规定比例；人才成长规律性原则，体现在人才培养方案中，则是专业课程的模块建构，以扎实的专业理论修养彰显有所用，以务实的实践才干彰显有所能，以高尚的品质彰显有所本，以敏锐的思维彰显有所悟，这种模块应该由公共基础、专业基础与拓展、各门课程实践、创新创业共四个模块构成。各模块及其内部在时间上的安排应遵循循序渐进的原则。

其次是对专业建构性理论的实践性课程进行重新确认，进而形成新的专业实践课程建构。专业实践课程的建构既要遵循学科实践原则，按照学科门类逐级逐学期开展，在完成同一学科门类的课程后进行学科综合实践；要遵循专业原则，在将学科门类有效组织成专业建构的基础上，进行专业综合实践。实践课程应该体现渐进性、持续性和有效性，且体现在人才培养方案中，使其成为法律性文件。

三、开展学科建设

组织课程结构转型的基础力量是开展学科建设。教学系要加强对学科及相应学科的师资进行建设和管理，首先是建设一支够用的队伍，其次是明确队伍的学科任务，其三是明确学科教学目标。仅就明确队伍的学科任务而言，则是要努力促进队伍合作一致，使其明确基本理论和基本实践的内容，协力完成课程、学科实践大纲，使其成为应用型教育的法律性文件。这个法律性文件不仅适用于课堂教学，而且也应适用于教师的科研、教师科研团队、师生科研团队，适用于学科团队应用型研究的开展，使师生在应用型教育中的地位具有同一性，真正实现教学互动、教学相长。由此，学科建设的有效性，需要从队伍到团队，从教学到科研，从学生到教师得到完整体现。

四、为向应用型教育转型鼓与呼

教学系在开展应用型教育转型中的作用不仅表现在系内目标设置、力量组织、方向导引、过程管理、效果评价诸方面，而且还表现在为应用型教育顺利开展的资源筹集、支持寻求、工作认可等外向型的沟通、协调方面：使人才培养方案获得学校的支持和认可，使实验实训平台得到学校的投入和建设，使学科建设获得学校的统筹支持,使专业人员工作获得学校广泛的支持和认可，使教学系三支队伍建设获得学校的支持，使专业队伍在学校队伍中所占的比重获得确定，等等。同时，教学系应充分重视转型的艰巨性，加强教学系对学校工作的理解和支持力度，主动理顺相关关系。如此，形成上下一心的转型工作局面，加快转型工作速度，并相比较地形成学校事业发展弯道超车的趋势。

综上所述，笔者站在教学系立场，从主导与组织的角度，根据对应用型教育的一般理解，必须将向应用型教育转型视为一个结构性、系统性工程，在教学系的内向型工作中，其结构分层表现为以用为纽带重建的课堂结构和课程结构，以结构的能动性建设为旨归的学科建设，在教学系的外向型工作中，应促成应用型转型的良好工作局面。这些工作各有其结构性的着力点，只有找准那些着力点，才能实现向应用型教育转型的新的建构。尽管这不是向应用型教育转型的全部，但只有先做到各司其职，才能做到各得其所，并最终实现学校教育在整体上的应用型转变。

（郭庆义主编：《新建民族本科院校转型发展与实践》，成都：西南交通大学出版社，2017年，第147-152页。）

文学课程的理论思维培养及应用

赵博[①]

（四川民族学院文学院，四川康定626001）

摘要：汉语言文学专业中进行学习的本科学生，由于中学的学习惯性及其他因素，在面对用客观、逻辑、理性的文学理论对

[①] 赵博（1988—），男，陕西西安人，硕士，四川民族学院文学院教师，主要研究方向：文艺心理学。

主观、感性的文学作品进行分析时，往往不好处理。文学课堂的教学中，学生对学习对象的理解、阐释都存在一定问题。其根本问题在于文学理论所要求的客观、逻辑、理性的理论思维并没有在学生的学习中很好地建构起来。通过教师在文学课堂上就地取材、引入文学理论中各项专论明确、清晰的阐释作品，将有利于解决这一问题。

关键词：理论思维；引导；示范；习惯；培养

一、文学课程教学的基本矛盾

对于在汉语言文学专业中进行学习的本科学生来说，他们在课堂上接触到中国古典文学、现当代文学、外国文学等古今中外各类文学作品的学习中，将理性的、逻辑的文学理论思维引入到主观的、情感的、以艺术性为核心的学习对象之中，是较为困难的一件事情，具体反映在三个方面：第一，即文学作品本身所规定的，艺术品虽然不排斥理性，但是其本质却为情感的，这让学生们在学习中要对文学作品进行理论分析、阐释有时感到困惑，如同工匠拿到工具，但是却不知道应该怎么使用；第二，单独的文学理论课程因为逻辑严密、思辨性强，也容易让在中学阶段分科后一直学习文科的学生感到学习艰难、理解不易，纯粹的逻辑演绎即便在文学理论课程上教师有所引导，但是在学生应用的过程中仍然难以达到理想的效果；第三，在学生们中小学的学习惯性引导下，遇到分析、阐释文学作品的主观性问题后，同学们仍然会倾向于寻找标准答案，同时出于各种原因无法将自己在接触文学作品过程中的真实感受借助具体的文学理论进行阐述。究其根源，学生在学习的过程中，并没建立起真正的理论思维，而这种思维的建立，恰恰是教学中最为重要的问题。"教育应该以学生为导向，而不是以学科为导向……学校教育的目的不是为了传授知识,而是发展学生的创造性智慧……教学的过程就是培养思维习惯的过程。"[1]对于这种习惯的培养,非常有利于学生的自主学习及理论运用。因为"习惯是功能性的,它简化了行为,减少了因集中注意而带来的精神损耗"。那么,文学课程的理论思维培养,应该有教师引导、理论选择和思维习惯养成三个阶段。

二、教师引导的理论阐释

在文学课堂的教学中,如果希望学生能够形成较为具体的理论思维,教师的引导必不可少。这意味着,教师在传统的教学之上,应该注重对那些重要的文学作品,做出至少一种理论阐释。在整个课程的教学期间,通过对这种动作的不断重复,来提升学生自发、自觉接触理论的概率。以下的三个条件足以证明这样的工作是有效的。

第一,联想的接近律。联想主义心理学提出人的经验来自感觉,之后的成长则来自联想。哈特莱认为:"儿童开始生活时,只有接受感觉经验的能力。随着年龄的增长,把感觉经验互相联系起来构成复杂的联想和哲学、宗教、道德之类的体系"。[2]人的一切心理现象,包括认知,其基本原则都是联想。而联想的唯一定律即接近律。联想主义的心理学观点在后代不断得到完善,但是接近律则在具体的实验中不断得到证实,证明了两种感觉经验如果有某种相同、相近的地方,如果在今后哪怕只经验到其中一种,也会立即联想到另外一种。据此,T·布朗还提出了九条联想副律,其中对建立思维习惯有帮助的包括:① 持久,我们观察客体的时间越久,记住它们的可能性就越大;② 生动,感觉越生动,联想就越巩固;③ 频率,经验重复的次数越多,它们以后就越容易被引起;④ 新近,越新近的经验越容易回忆;⑤ 思维习惯,思想上和生活上的习惯会影响联想的内容。

---

[1] 杜威. 经验与教育[M]. 盛群力译. 北京:中国轻工业出版社,2016.
[2] 叶浩生. 心理学通史[M]. 北京:北京师范大学出版社,2006.

第二,条件反射与习惯养成。巴甫洛夫的条件反射实验对联想主义的接近律做出了非常好的证明,他的实验从一开始开灯的同时给狗喂食物,到后面只开灯不喂食物,巴甫洛夫发现狗会同样分泌唾液。这代表后天的经验形成了某种习惯,它"从神经生理的角度解释,习惯的形成是神经中枢中的两个兴奋点之间建立起来稳定的联系或通路的过程……经验重复越多,这种联系就越稳定"。①行为主义代表人物华生将这一理论引入了行为主义心理学之中,并表示人类的习惯就是一系列复杂的反射,而人的思维就是某种语言习惯。华生将言语称作"外显的语言习惯",或者叫作"大声的思维";将思维则称为"内隐的语言习惯",或者叫作"无声的谈话"。②在他看来,内隐的语言习惯是由外显的语言习惯逐渐演变而来的。这样的观点是经验主义的观点,简单来说,感觉的经验有可能培养出某种习惯,而这种习惯不仅是物理的、生理的,甚至也可以是精神的、思维的。

第三,意义识记。艾宾浩斯在自己的记忆研究中曾经给出过一个准确的记忆规律:即经验次数越多,则记忆保持越长久。这在联想主义或行为主义那里都可以被证明。但除此之外,艾宾浩斯在自己的记忆实验中,专门考量了记忆的效率问题,他"曾经用诗句、散文和无意义的音节做识记材料,对意义识记和无意义识记的效果进行了比较,发现同样长度的材料,对有意义材料的学习要容易得多,二者之间识记效果的比例是 1∶10"③。机能主义心理学家詹姆斯也在自己的著作中提出过记忆的三种方法,包括机械方法、明哲方法和技巧方法。其中明哲方法即意义识记,而机械方法是死记硬背,技巧方法相当于记忆术,它通过纯粹的

---

① 叶浩生. 心理学通史[M]. 北京:北京师范大学出版社,2006.
② 华生. 行为主义[M]. 李维,译. 北京:北京大学出版社,2012.
③ 艾宾浩斯. 记忆[M]. 曹日昌,译. 北京:北京大学出版社,2014.

记忆技巧来提升记忆效率。①很明显，意义识记无论是在理论上还是在实验中，都是效率最高的一种记忆方式，它无论对培养理论思维还是对学生在具体问题中的理论应用，都是有帮助的。但是它的前提依旧是依靠教师反复进行的理论阐释的引导或示范。

三、教师引导的理论选择

如果教师在课堂上引导同学们进行理论阐释，为同学们示范理论的应用，能够培养起相应的理论思维，最终导致效果良好的具体应用，那么接下来的问题应该是：教师应该选择什么样的理论来进行这样的引导或示范呢？文学理论浩如烟海，每一个不同的哲学思潮或哲学流派都会诞生出至少一种文学或文艺理论，其他与文学有所交集的学科也经常如此。换句话说，只要是研究对象有关人、涉及人甚至是以人为目的的学科，都多少会对文学产生兴趣。广义的文学理论包含着所有的这一切，而狭义的文学理论则只包括从言语上衍生出来的各种理论。那么以培养理论思维为目的，应该采取目的决定论的原则来进行挑选，这样我们就能够看到，无论是广义还是狭义的文学理论，如果具备逻辑严谨、体系周密、客观有效的条件，都可以采纳。一方面是因为各种理论除了具有很强的思辨性之外，也具备很强的批判性，在反复的学习过程中自然会带有怀疑主义的精神；另一方面，思维的培养是教师能够做到的事情，选择自己喜爱、认可的理论，则是需要学生自己去做的。

从学科教学上面来看，汉语言文学专业最早接触的纯理论学习是《文学概论》课程，之后便开始接触各类文学课程。学生在文学概论中所学习到的宽泛的、概念化的"概论"，对文学在各个方面给出了某种较为公认、因而较为固定的解释，这样的学习是一种基础的学习，但是却因为学生之前的学习经历，强化了"标

---

① 詹姆斯. 心理学原理[M]. 唐钺，译. 北京：北京大学出版社，2012.

准答案"的观念,因此并不太利于学生建立理论的思维,而倾向于死记硬背的知识。文学"诗无达诂"[1]的特性,可以提供出无限阐释的可能,那么理论思维的培养,应该达到一种通过智性的思辨,而达到更高审美层次的效果,如此看来,仅仅依据学生所学过的东西引入课堂,并不是最好的方法。与概论相对,对于引导学生更加有用的,应该是专论,即某一学者、某一学派、某一思潮专门的、独特的理论。譬如施蛰存深受弗洛伊德影响,在讲解施蛰存具体作品时便可以引入佛洛伊德的理论来阐释作品;丁西林的喜剧中虽然他从来没表示过,但是荒诞性的解读也可以用荒诞主义的相关理论来进行解读……专论的使用,理论本身更加明确,目的性更强,解读过程则更容易把握,也更加严谨。同时,对比纯粹的理论课程,文学课程有现成的文学作品作为阐释素材,选取相应的理论,自然也较为简便。

四、理论思维的养成

在具体思维养成的过程中,还需要注重两个方面的问题:首先,教师在引导、示范的过程中,应该对重要的作品选取至少一种专论来进行解读,如果在有限的课时、环境、精力等条件的允许下,对同一篇作品可以选取尽量多的不同专论来进行解读。教师以这样的示范,能够让学生更加深入地了解到理论的作用以及应用的方法、规则,更加有利于培养自己较为健全的理论思维。其次,教师的讲解并不是为了教理论而教理论,而是为了培养思维。对于学生的要求,以及教学目标、教学计划的设计,也都应该以此为核心来建立。

教育心理学创立者桑代克对学习过程提出了"准备律""练习律""效果律"三个定律。其中,准备律指当一个传导单位准备好传导时,传导得以实现就引起满意之感,不给传导就引起烦恼,

---

[1] 董仲舒. 春秋繁露[M]. 北京:中华书局,2012

相反,当一个传导单位没有准备好传导,强行传导就引起烦恼感;练习律则包含"应用律"和"失用律"两个方面,这个定律指一个可变的联结经常使用或长时期得不到使用,刺激与反应之间的联结也会相应得到加强或者削弱;效果律则指一个反应导致了一个满意或令人烦恼的事态,那么联结的力量也会相应地加强或削弱。①无疑,三个定律对教学至今仍然是有启发意义的。在理论思维培养的过程中,如果对理论的阐释非常清晰,文学作品的美学价值得到充分体现,让学生引起饱满的快感,那么这样的教学无疑是非常有利于理论思维的养成的。如果除了经常性的教学上的引导和示范外,能够让学生自己开始尝试理论的应用,甚至在这一过程的结尾给予相应的奖惩措施,无疑也是对理论思维建构的强化。

五、结论

汉语言文学专业的学生,在四年的学习之后终会遇到理论应用的问题。但是文学理论的应用不仅仅局限在文学作品之上,文艺理论广泛的来源,决定了它的应用是学生身心素质全方面发展的体现。那么,为了摆脱中学的学习惯性,从大学入学开始,针对学生就应该循序渐进地开展理论思维的培养,其最理想的方式,就是通过教师在文学课堂上采用文学理论中的各种专论,阐释各类作品,引导学生不断建构自身的理论思维,最终在具体的应用之上体现出来。在完成教学任务的基础之上,以思维培养为核心不断提升学生的综合素质,最终以具体的应用作为媒介,让学生即便离开学校和老师之后,仍然能够自发、自觉地进行正确、有效的学习。

参考文献

[1] 艾宾浩斯. 记忆[M]. 曹日昌,译. 北京:北京大学出版社,2014.

---

① 桑代克. 人类的学习[M]. 李维,译. 北京:北京大学出版社,2010.

[2] 叶浩生. 心理学通史[M]. 北京：北京师范大学出版社，2006.

[3] 杜威. 经验与教育[M]. 盛群力，译. 北京：中国轻工业出版社，2016.

[4] 詹姆斯. 心理学原理[M]. 唐钺，译. 北京：北京大学出版社，2012.

[5] 华生. 行为主义[M]. 李维，译. 北京：北京大学出版社，2012

[6] 桑代克. 人类的学习[M]. 李维，译. 北京：北京大学出版社，2010.

[7] 董仲舒. 春秋繁露[M]. 北京：中华书局，2012.

（郭庆义主编：《新建民族本科院校学科建设探析》，成都：西南交通大学出版社，2019年。）

如何运用文学理论分析文学作品

曹清清[①]

（四川民族学院文学院，四川康定 626001）

一、认识文学理论

（一）文学理论是什么？

任何专业学习都需要理论工具，文学的专业学习亦是如此。文学理论是帮助我们以科学方法认识文学、学习文学非常重要的工具。

文学理论与文学史、文学批评共同构成了文艺学。文学史主要是按照时间顺序对文学实践的整理与归纳；文学批评主要是针对具体文学作品的研究；文学理论则是以哲学方法论为总的指导，

---

① 曹清清（1988—），女，陕西西安人，硕士，四川民族学院文学院教师，主要研究方向：文艺心理学。

从理论的高度和宏观视野上阐明文学的本质、特点和规律，建立起文学的基本原理、概念、范畴以及相关方法。文艺学的三个分支之间既相互区别又相互联系，联系主要表现在文学史是文学理论的基础，文学批评是文学理论的具体实施，同时文学理论又指导文学史和文学批评。

文学理论作为理论，其产生的途径主要是有两种，归纳和自身演绎。归纳是理论产生的源头，文学理论主要是在文学实践的基础上，对文学的发展、文学的状况进行归纳总结，最终得出具有普遍性的观点和结论；理论的自身演绎主要是理论成熟之后，按照自身发展规律与逻辑继续拓展前进，从而产生新的观点与结论。

文学理论作为一种研究文学普遍性规律的科学，它研究的对象很显然就不是我们常识里所说的文学，而是整个文学活动，这个活动就包括了由美国学者 M.H.艾布拉姆斯提出的四要素，分别是世界、作家、作品、读者。因此认识文学理论，把握这一点是非常重要的，文学理论研究的是文学这个有机的整体，而不仅仅只是作品。

按照文学理论的研究对象，学者们将文学理论要完成的任务目标划分为五个：两个目标主要是从宏观角度来研究文学活动的，分别是文学活动本质论，文学活动发展论、其次针对作家要素，研究作家如何创作等相关问题的，即文学创作论；再次，针对作品要素，研究作品形式结构等的文学作品构成论；最后是，针对读者要素的、文学接受论。（该划分见童庆炳编《文学理论教程》）。依据文学理论五大任务，我们可以清晰地认识和学习文学，并将文学视为一种由四个要素构成的活动来进行整体和局部的研究。

由于研究对象是复杂的文学活动，所以文学理论的形态就是多种多样的，我们从不同的理论视野、分析角度出发，就会形成不一样的文学理论形态，例如，以社会历史学的眼光来看待文学就形成了比较早期的文学社会学理论形态。

以上对文学理论的陈述，只是文学理论大致的框架，接触文学理论会发现，学习它有一定的困难度，这是由理论学科自身的抽象属性决定的。由于理论都是对本质、规律、特点的阐述，文学理论的学习内容主要是形而上的概念、原理等。因此，作为本科阶段的学生，学习时，一定要注意对概念、原理的理解，特别是文学理论的运用方法往往就藏在这些原理和概念之中，我们如何才能在理解概念和原理中，窥探到它的方法是非常关键的。所以，学习理论单纯死记硬背是行不通的，真正的学习应该是结合了文学阅读经验，以及对文学理论所涉及问题的思考之下，对理论进行深化，并内化，从而达到为我所用的目的。

（二）文学理论的用途

文学理论的用途，从其学科归属来说，就是用来对文学活动做科学性专业性系统性研究的工具；依据其五大任务来说，用处在于，首先可以从整体宏观的角度去重新认识文学，了解文学是什么、文学是如何产生的、文学是否会消失等问题；其次从局部来说，重新认识作家、作家的创作等问题；再次，重新认识作品，不再仅仅关注作品的情节内容，也关注形式结构的艺术性；最后，认识到读者与文学的关系，读者的再创造，等等。应该说我们通过学习文学理论，将其运用到对文学的认识和审视中，由一个门外汉成为一个具有专业素质的人才。

从本科学习的阶段这一角度说，文学理论是汉语言文学专业的必修课程，是取得学位的必须，同时也是和其他专业课程相辅相成的，学好文学理论对理解文学史课程有很好的帮助，对于语言理论的学习也会触类旁通。并且对于有专业深造需求的学生也是一项必需的专业技能；其次，专业学位论文的写作，需要理论的指导，运用理论做出科学的分析和判定，这一点尤为重要，很多同学不知道如何写专业性文学分析文章，往往流于感想，写成读后感，这显然很需要通过文学理论的学习和运用来进行规范；

以上所说的都是作为汉语言专业学生，对文学理论的用途应该有的最基本认识。

实际上，学习文学理论，在未来的职业生涯中也是尤为有用的，首先逻辑性、理论化的思维方式一旦形成，是受用终身的，无论未来是否从事本专业的职业，理性的头脑是任何领域都需要的，也是对自我认识，自我发展很有帮助的；其次，未来如果从事了教师行业，那么文学理论就是非常重要的职业技能了，很多的语文教育工作者已开始注意到专业理论素养对于教学的重要性，特别是在名校教师的课堂中，教学内容的选择，教学环节的设计，教学目标的确定，其背后都有文学理论作为支撑，所以，成为一名有建树的教育工作者，学好文学理论的必要的。

当然，文学理论的用途还不止这些，比起这些实用性的用途来说，文学理论还有满足审美精神需求的这一作用，通过掌握文学理论，我们会对艺术有一种有别于常识的认识，不仅能感受到作品的美，还能分析出它为什么美，美在何处，帮助我们普通人也能进行审美化的表达，除此之外，立志于写作的人，还可以在理论中重新发现创作上的新方法，丰富文学实践；另外，在面对一些新时代，新领域上出现的文学现象，我们也会有一定的判断力而不会人云亦云。

总之，文学理论无论是对于我们的专业素养还是审美生活都是非常有用处的，正确认识文学理论，掌握和理解它，让它更好地服务于我们，服务于美得生活。

二、文学理论运用的基本步骤

理论的学习是一个循序渐进的过程，一开始接触理论会有一定难度，但是不要怕，我们需要结合实践来理解，结合问题来理解。文学理论也是如此，需要不断地学习和理解，并且要练习运用，进而形成一种理论的自觉。下面是文学理论运用的基本步骤，可以在运用理论写作专业论文和做课堂分析训练时参考使用。

第一步：掌握理论概念、内涵、范畴。掌握的前提条件是理解，而理解应该是要建立在自己有所思考的基础之上，因此这一步是文学理论学习中最关键的一步，只有真正理解掌握了理论概念，才能有理论的自觉，专业性的思考，进而提出有意义的问题。文学理论阐释的很多内容，都是对文学活动的思考，因此拥有丰富的文学阅读经验和爱思考的头脑，在这一阶段显得尤为紧要。

第二步：阅读作品或观察文学现象。当具有一定的专业理论素养之后，我们看待文学的眼光就从普通读者进入到专业读者的领域，这时候，依托专业知识，我们对文学作品本身，对文学界出现的很多新现象都具有相对的敏感度，这就使得我们可以关注到很多方面，并且开始思考一些较为深刻的问题。

第三步：发现问题。当我们有理性思考，有对文学的宏观性理论性的认识，再去阅读作品，观察文学活动，在思考的过程中就会产生一些有趣的问题：例如，作品中的人物为什么如此塑造，这个情节的设定有什么作用，作家到底想表达什么，这些设定是否合情合理等。

第四步：根据问题所属领域，选择相应概念原理。这一阶段考验的是我们对于理论世界的了解与掌握是否构成体系。首先，最基本的是文学理论的五大目标任务是否清晰，你所发现的问题是宏观的文学活动问题，还是微观的文学文本问题。例如，分析某一作品中的某个人物形象，那应该在文学作品论所涉及的章节去找相关概念理论，可以选择文学典型；其次，文学理论的基本形态理论也会很有用处，七大基本形态分别是文学哲学、文学心理学、文学符号学、文学信息学、文学社会学、文学价值学、文学文化学，根据问题的领域，有针对性地探寻相关理论形态，再细化到其形态下属的具体观点；最后，文学史虽然不是文学理论，但是对我们分析作品，理清思考逻辑和倾向也是有帮助的，所以对文学史的脉络、派别要非常熟悉。

第五步：解决问题。这里就根据自己所选择的理论观点，条理清晰地分析作品，回答自己所提出的问题，并得出最终结论，或者是意义。例如,给某个作品下结论说它是悲剧,那么选择理论是黑格尔的矛盾悲剧理论,那就要根据黑格尔矛盾悲剧理论的内涵来分析论证。根据黑格尔对于剧作中什么是矛盾的观点,分析出作品中的矛盾,然后矛盾如何构成了悲剧。

以上步骤只是一个大致的提纲,具体的文本分析论文的写作操作要更加复杂,所以想真正学好、用好专业理论,使其变为一种技能,也需要多读多看,不仅是文学作品,理论性的著作也要看,还要多多接触阅读专业性的学术论文,看看专家们都是如何做的。

最后,文学理论并不是禁锢和压制我们对文学作品的感性体验,而是为我们阅读和欣赏文学提供了一条理性的路径,更重要的是,在文学欣赏的世界里,两者并不矛盾,好的理论性解读能让我们感性的审美变得更加丰富,所以,我们可以增加一点对理论的热爱,它会让我们更专业的同时,也更能感受美的人生。

使用"意象"概念时应注意的问题

曹清清

(四川民族学院文学院,四川康定 626001)

摘要:"意象"是文学形象高级形态之一,也是文学概论课程中一个较为重要的概念。然而高校本科生在撰写论文时,对"意象"概念的使用总是容易出现一些误区。本文针对高校本科生运用"意象"概念撰写论文时出现的主要问题做分析,并提出解决方法。存在的主要问题是:不能正确地、规范地使用"意象"概念;在论文的选题上过大,角度选择不够合适、贴切等。只有解决这些问题,高校本科生在撰写使用"意象"概念的论文时才能更加得心应手。

关键字:文学概论;意象;本科生论文;概念;范畴

人们对于事物的认识,除了经验性的认知以外,还有一种非常重要的途径就是通过系统化的理论和概念获得。经过概念化的认识，会更具有逻辑性和科学性。基本的概念和理论是各种学科得以建立其逻辑体系的重要基础。因此，对于基本概念的正确把握在专业化的训练中显尤为重要。文学概论课程是中国高校汉语言文学专业学生的必修专业基础课，这门课的教学宗旨在于让学生通过对文学理论及相关概念的学习，以专业化概念化的方式系统地理解和认识文学，并且学会用专业的理论分析文学作品。所有的文学理论概念和美学概念都有其特定的内涵和范畴，学生在运用这些概念和理论时，应该领会其真正的意旨，并根据研究对象的不同，更贴切适宜地使用这些理论和概念来做专业性地分析研究。但实际情况并不乐观。文学"意象"是文学概论课程中重要的概念，也是分析文学作品的重要理论工具。然而本科学生在运用"意象"概念撰写专业论文时，会出现很多问题，这些问题具体表现在对相关概念的内涵及范畴认识不清，导致不能很好地运用理论概念分析作品，甚至出现误用的情况。这是一种对专业知识理论运用能力的缺失，具体到"意象"概念的使用上，表现为如下几个方面。

一、"意象"概念的正确使用问题

学生在运用专业概念撰写论文时，首先容易出问题的地方就是对概念的正确把握和正确使用上。无法正确使用概念，会导致论文分析不够深入，甚至出现分析方向和立足点完全错误的结果。因此正确掌握和使用概念是非常必要的。在"意象"概念的正确使用方面，学生论文中常常出现这些问题：对概念的概述不准确，适用性不清晰，与"意境"概念相混淆。

（一）"意象"概念的概述问题

在专业论文撰写时，对于用到的理论和概念应该要做一个概述和介绍，而任何一个专业概念都不是一蹴而就的，那么就需要在概述时对概念的起源、发展及内涵做一个梳理。"意象"概念是一个较为复杂的概念，在中西方都有相关的论述，而且运用于诸多学科:"中西文论中,都有'意象'一词,并在文艺学、心理学、语言学等学科中有着广泛的用途。"[1]这就意味着,在概述"意象"时,必须要对"意象"一词有个比较全面的把握。

但学生们往往就会在概念梳理的全面性上出现问题。最常见的问题是资料收集不够,视野狭窄。学生通常不查资料,只按照上课时使用的教材内容对"意象"概念做梳理,这种不深入的前期工作,必然会影响撰写者对于概念的正确深入的理解,也是后期撰写文章时,之所以缺乏深度和力度的主要原因。因此,在撰写论文时,要确保概念的正确使用,首先就应该针对概念进行有广度的资料收集。那么如何才能有广度地收集材料,尤其是对经验比较缺乏、知识结构单薄的本科生来说,该如何来做呢?

这里教师的作用就凸显出来了,对概念的梳理,学生自己要做,但教师的引导作用也重要。教师应教会学生如何充分利用自己的课程教材。比如认真研读教材上有关"意象"概念的内容,先对概念有一个准确的定位和初步的理解。然后在此基础上,通过对教材当中所涉及的文献资料做一个整理,进而查阅这些相关文献资料的原文,又可以通过这些文献上所用到的文献再做收集,这样层层递进的方式,最终达到对该概念的材料尽可能充分的收集,并且查找收集资料的过程也是深化对概念理解的过程。当然,教师也可以通过潜移默化的方式来达到这一目标,在日常课堂的教学中,有意突出自己收集资料的方法,来启发和引导学生。

(二)"意象"概念分析对象选择的问题

除了在概念的概述上存在问题以外,学生运用理论概念撰写论文时,不能有效地将研究对象与理论结合起来。使用"意象"概念的时候也是如此,不知道选择什么对象来做分析,或者诸多意象不知道如何下手分析,有的甚至不清楚什么可以运用"意象"概念来做分析。这些问题的出现,主要和学生对概念的理解不到位有关,同时也和学生的研究角度过大有关。解决以上这两个根本的问题,就能有效地解决学生前面所出现的问题。

理解方面的问题,可以通过加强对概念的理解得到解决。这一措施的实现又可以通过教师和学生两方面来做。一方面,教师在教学时应注意避免照本宣科,浮于表面的讲解,而应更加重视对理论概念的解析,尤其是应该结合具体的实例来做讲解,让学生真正了解到该理论的用处及针对性。同时,教师应加强互动,引导学生深入思考,并提供一些文献资料供学生课后自学使用。另一方面,学生应自动投入思考中,并且加大阅读量,不仅是文学作品,也要主动有意识地去积累一些理论知识。在课堂上充分发挥主动性将自己的阅读经验与老师的讲解结合起来从而加深对概念的理解。

研究角度过大的问题,在"意象"这一概念的运用上,通常表现为,研究作品太多,意象选择过于全面。由于本科生论文的篇幅限制,以及学生研究能力的限制,在这个问题上,教师在课堂上应予以强调,帮助学生明确如何缩小选题角度。在做意象分析时不宜研究过多作品,尤其是多产作家,而应更具体地选择一部作品来做研究,但这并不意味着学生只读一部作品即可,相反应将该作家的作品尽可能多读,加深对作家的认识。当然一部作品中的意象,也不能面面俱到,而应挑选自己有感悟的、体验深刻并且符合自己论述目标的突出意象。

(三)"意象"与其他概念的混用

由前面两个问题引起,学生在"意象"概念的使用上就容易出现第三个问题,就是与其他概念的混用。这里主要是接近概念的混用,以"意境"和"人物形象"为例。

"意象"与"意境"的混用。这两者都在中国古代文论中有论述,只不过意境属于我国文论的独创,而意象是中西方都有的概念。两个概念有区别,童庆炳对此做了如下界定:意境是文学艺术作品通过形象描写表现出来的境界和情调,是抒情作品中呈现的情景交融、虚实相生的形象及其诱发和开拓的审美想象空间。

意象是以表达哲理观念为目的、以象征性或荒诞性为基本特征、以达到人类理想境界的表意之象。两者又有联系，陈植愕认为，"意象是表现型艺术形象的基本单位，也是构成意境的元件。意境与意象的关系就是整体与部分的关系。"[2]所以这也就造成学生的困扰，常常分析意象，却实际用了意境的概念。针对这一问题，教师在课堂上应当注意引导学生发现两者的相似性与差异，由学生自主探讨和交流，从而对两个概念有更深入更正确的理解，切身领会意境的情景交融与意象表达哲理的差别。

"意象"与"人物形象"的混淆。因为都在强调"象"，很容易把两者混为一谈。但其实两者也有很大的差别。意象更多地指向承载了背后意义的形象，在分析中更应强调背后的哲理及意味，而人物形象则是文学作品欣赏中一个基础的概念，主要是对作品中的人物的性格行为等做一个归纳总结。当分不清这两者区别的时候，分析作品就会陷入一种误区，把分析人物形象等同于分析意象。所以在该概念讲述时，教师也应引导学生加强对比，深化学生的认识。

另外，为了避免意象概念与其他更多概念的混用，在讲授时，应更多引导学生去自主发现问题，并分析和解决问题，最终达到对概念清晰正确地把握。

二、"意象"概念使用的其他问题

使用意象概念撰写论文时，除了会出现以上问题外，还有一些问题也值得注意。并且这些问题也经常出现在其他概念的运用上。突出的有概念多种内涵的混用。每一个概念的内涵在产生之初与发展过程中都会不断变化，也会有诸多的学者对它做以阐释，而学生经常忽略这一点，习惯眉毛胡子一把抓，所以在一篇论文中，出现前后内涵不统一的情况。这种问题的出现，其实反映的是学术规范和专业性的问题。由此我们也能看出学术专业和规范训练在本科生的专业学习中也是十分重要的。一方面，课堂传授基本的理论很重要，另一方面，也应教会学生撰写论文的技能，但好的方式不是通过教师的填鸭式教学，而应该是启发和引导式的。教师可以让学生先想一想运用理论概念写论文会遇到的困难，然后再让学生针对这些问题去做相应的资料整理，最终通过交流协作的方式，了解到专业论文的写作方法。

另外，论文语言要规范，"学术论文写作不同于一般文章，讲究立论新颖，与前人研究结果有区别，证据要确凿，要注明引文或旁证思想的来源，数据收集合乎规范，论证有力，不牵强附会，分析严谨，不留漏洞或把柄，内容布局条理清楚，层次分明"[3]。所以在写作时应该少用主观性语句，例如"我觉得""我认为"等，同时写作时应该有足够权威的论据来支撑自己的研究结论，当然逻辑性和语言规范性都不是一蹴而就的，这需要长期的实践训练，因此，教学中应该加入专业实训的环节，同时学生也应该以认真严谨的态度对待专业学习和专业研究。这样才能写出好的论文。

三、结　语

综上所述，高校本科生在使用"意象"概念撰写论文时，确实会出现很多问题。这些问题多表现为运用上的障碍，如无法清晰准确、较为全面、有高度地对概念做概述，无法运用理论概念有针对性、有选择性地分析对象，另外相近概念的混用，以及选题、切入角度，论述语言等都存在突出问题。这些问题的解决都需要师生的双向参与。而且究其本质，导致这些问题出现的原因，归根结底还是学生对于概念的理解不到位，导致不能正确专业地运用这些概念。实际上这是一种应用能力的缺失，而这种能力的缺失，至少是有两个方面的原因，教师的教学方法缺乏引导性和目标性，学生的学习态度和专业态度不够。所以从教学方面来说，这些问题能反映出进行实践教学的必要性；从学生方面说，实践教学也是他们非常需要的一种专业训练。

参考文献

[1]　童庆炳.文学理论教程[M].北京：高等教育出版社，2015：245.

[2] 陈植愕. 诗歌意象论[M]. 北京：中国社会科学出版社，1990：21.

[3] 戴曼纯. 学术论文写作五大要点[J]. 基础英语教育，2006（03）.

（郭庆义主编：《新建民族本科院校学科建设探析》，成都：西南交通大学出版社，2019年。）

生态批评视野下阿来作品对人与自然的生态观照[①]

余忠淑[②]

（四川民族学院汉语言文学系　四川康定，626001）

摘要：生态批评将人与自然作为一个整体来认识，期望通过文学唤醒大众的生态意识，促进人类采取绿色行动；阿来的许多作品反映了人与自然的生态主题，作品对生态问题的隐忧和拷问是对当下生态环境恶化的警示，从生态批评视角下进一步揭示出作品对人与自然的生态观照对唤醒民众生态良知具有重要的意义。阿来作品中表现的人与自然不和谐生态问题隐忧，对生态问题成因的拷问，批评了因人类中心主义、政治中心主义等引发的生态危机。阿来作品体现了对人与自然生态改善的期许，渴望着人与自然生态家园的守望与重建，也期望着人类社会和精神生态的良性发展。

关键词：阿来作品；生态批评；人与自然；生态

引论

雷毅在其2000年出版的《生态伦理学》中认为："'生态'一

---

① 四川省教育厅社科项目"阿来作品整体主义生态观的构建——一种跨学科对话的尝试"的阶段性成果。
② 余忠淑（1977—），女，四川泸定人，硕士，四川民族学院汉语言文学系讲师，主要研究方向：汉语文学与教学法。

词具有把人与自然作为一个整体来认识的含义,它隐含着人是自然界中的一个普通物种的观念。"[1]20 世纪以来,随着科学技术创新和工业经济的发展,人类在不断认识自然和改造自然中使生态环境不断恶化,人与自然关系趋于紧张,许多不同学科领域的学者开始从生态的视角研究人与自然的关系,企图通过不同途径缓和这种紧张关系。文学发展也没有置身事外,也开始关注生态问题,希望通过文学唤醒大众的生态意识,促进人类采取绿色行动,推进人与自然的和谐共振。生态批评的文学理念来源于美国。美国学者 Joseph W. Meeker 1974 年在其出版的《生存的悲剧:文学的生态学研究》中首次使用了"文学生态学"(Literary Ecology)术语;Karl Kroeber 1974 在其《现代语言学会会刊》中谈到文学批评时引入了"生态学"(Ecology)和"生态的"(ecological)概念;William Rueckert 1978 年在其论文《文学与生态学:一次生态批评实验》中首次采用"生态批评"(ecocriticism)一词。而英国学者 Jonathan Bate 在 1991 年出版的《浪漫主义的生态学:华兹华斯与环境传统》中正式采用了"文学生态批评"(literary ecocriticism)术语。西方学者认为生态批评主要探讨文学和生态环境之间的关系,从文学来反思人类发展的过程中征服自然的思想和行为,主张用"生态整体主义"的思想代替"人类中心主义"的理性文化模式,构建起人与自然在内的一切生命体的平等地位及独立价值。进入 21 世纪,生态批评受到西方一些非英语国家学者的关注,生态批评理念与思想开始在全世界迅猛发展,生态批评也开始引入中国。如早在 1999 年司空草发表的《文学的生态学批评》一文,激发了学者们开始关注文学生态批评;2000 年,鲁枢元在《生态文艺学》中提出应形成"生态文艺学"分支学科;等等。

藏族作家阿来是我国当代著名作家,目前完成了《尘埃落定》《空山》《格萨尔王》《瞻对》《云中记》五部长篇小说和几十部短篇作品,在其精心创作的许多文学作品中,尤其巨幅长篇小说《空山》,包括六部小长篇(《随风飘散》《天火》《达瑟与达戈》《荒芜》《轻雷》《空山》,共三部六卷),反映了人与自然的生态主题,从文学中形成了对人与自然的一种审视,在反思和批评人类文明发展中与自然不和谐的问题。许多学者注意到了阿来的这种生态意蕴,开始运用生态批评理论对其作品进行研究。如王泉的 2009 年的《论〈空山〉的生态叙事》,周兴青 2014 年的《阿来的生态意识及其中国现代化问题批判》,王雪萍 2012 年的《生态批评视野下阿来的文化观》,邓志文 2014 年的《阿来小说创作的生态批评之维》,等等。在当前"全球化"背景下,中国高速推进市场经济,资源受到破坏,环境受到污染,生态更趋恶化,人们的身体健康、生产、生活受到严重威胁。阿来作品表现的对生态问题的隐忧和拷问是对当下生态环境恶化的警示,从生态批评视角下进一步揭示出作品对人与自然的生态观照对唤醒民众生态良知具有重要的意义。

一、阿来作品表现的对人与自然生态问题的隐忧

首先,对人与自然土地生态问题的隐忧。一是他关注到外来物种对土地生态的影响。如阿来在其著名的长篇小说《尘埃落定》中谈到了土地生态问题。故事背景设定在了 20 世纪初中期。一方水土养一方人,在藏地的土地上人们种植青稞、小麦等,这些作物能养活这方土地上的人们。但土地属于土司,在外来市场盈利的诱惑下,藏地的土司开始大量引入罂粟种植。罂粟的暴利为土司们带来了巨额财富,但土地上不再种植青稞、小麦,结果导致了空前的饥荒,外来罂粟实际导致了人与自然生态关系的破坏。二是他关注到土地承载生态问题。在阿来作品中反映了在 20 世纪 50 年代"大跃进"运动下,"人有多大胆,地有多大产",违背土地作物生长规律,导致土地生态破坏,生产减产,进而导致大面积的饥荒。阿来还关注到土地资源浪费的问题。在《荒芜》中,阿来谈到,土地承包后,藏地农民积极性过一段时间就消失了,大家不愿意老老实实种地,人们抛弃了土地,让大片的田地闲置,

任它杂草丛生。人们在非农经济的更大利益诱惑下热衷于其他的生产生活方式，土地的荒废导致宝贵资源的浪费。三是他关注到人与土地和谐冲突问题。《天火》的时代背景是"文化大革命"期间，阿来描述道，山坡上长满的杂草会抑制喂养牛羊草丛的成长，为了使牛羊在第二年有食料，机村人会在山坡上放可控制的小火，将多余的杂草烧掉，担任这个使命的便是巫师多吉，这种传统做法在机村延续了上千年，适当的破坏是为了更好地创造。而土地是国家的，不允许放火烧山上的草，不许村民相信神灵，多吉放火被抓起来，意味着这种人与自然传统交流的文化被取消，喻示着阿来对传统民族文化消逝的伤感。

其次，对乱采滥伐下人与自然森林生态问题的隐痛。在阿来《随风飘散》中，机村这一原本独立而自闭的村庄，在大生产运动要求下大量毁林开荒。漂亮修长的白桦林轰然倒下，整整一面山坡上的树木被砍伐殆尽。树木砍掉后，这些树木却不能得到充分利用，大量的树枝被抛弃，只用笔直的一段，然后运到外地为建设做材料；树林砍到后，大量树上的鸟巢落到地上，小孩们在地上随意找到小鸟，树林生物多样性生态受到严重破坏。在《空山》中阿来展示了人与自然生态走向毁灭的过程。机村丰富的森林资源涵养了水分，一部分水滋润了土地，让人们在土地上丰收；一部分水分蒸发到空中，让空气湿润清新。但大量的森林被村民乱砍滥伐后，林木资源迅速消减，空气质量下降，河流也濒临干涸，庄稼几乎没有任何收成；山体没有了森林的庇护，泥石流和山体坍塌等自然灾害频发，威胁着人们祥和美丽的家园。在《荒芜》中，阿来写道，大量森林被砍伐后爆发了泥石流，山体上的石头混着雨水滚下山来，肥沃的黑土被泥石流冲走，只留下累累砾石，庄稼颗粒无收，村庄被淹没，人们不得不依靠国家的救济才能生活。在《遥远的温泉》中，阿来描写了小时候十分憧憬的美丽神奇的温泉，现如今已经被开发得面目全非。在《大地的阶梯》中，阿来描述了不断消失的一片片桦树林，树林肆无忌惮的砍伐，形成了盛大的场面,阿来讽刺地说:"那么多卡车来来去去,寂静的卡尔古村是多热闹啊!"[2]在《已经消失的森林》中描述了曾经的落叶松、铁杉、云杉、冷杉、柏、桦、楸、椴,在各自不同的海拔高度上成长了千百年,在人们的砍伐下它们一棵棵呻吟着倒下。人们没有了树木,也失去了四季交替时的美丽,失去了春天树林中的花草与蘑菇,失去了林中的动物。在《达瑟与达戈》中,阿来写到大量树林被砍伐后,机村人把猴子赶下了山,用枪进行射杀,没有一丝犹豫与不忍,然后将猴皮、猴胆卖到市场上去赚取金钱。《金子》中阿来描述了人们为淘金,大量伐木开土,淘金船毁坏了一切,树林受到破坏,村子迁徙一空,镇子残垣断壁,耕地杂草丛生,河流浑浊不堪。采金工业破坏了生态,黑心的开发者赚走了钱,却让环境破坏地的人们承担着无尽沉重的生态成本。阿来在《蘑菇圈》中以"蘑菇"和"虫草"为线索,从生态环境的角度入手,呼吁人们关注当前面临的环境问题。

在阿来作品中没有语言的刻意雕琢,用最真实语言展示了美丽的措娜温泉被"文明"着染,原始森林被野蛮砍尽,动物被无情猎杀,生态环境破坏带来了浩劫。阿来悲愤地说道:"先是鸟失去了巢穴,走兽得不到荫蔽,最后,就轮到人类自己了。"[3]阿来实际认为,人与自然应默守着一种约定俗成的自然秩序,人们尊重自然规律,自然为人们提供必要的资源,相互间达成一种生态平衡。然而人类形成的"人类中心主义",不断对自然索取而毫不留意去保护,必然导致人与自然生态失调,必将受到自然的惩罚。

二、阿来作品对人与自然生态问题成因的拷问

阿来的作品让我们领悟到破坏环境带来的金钱价值远远比不上带给人类和整个生态环境的灾难,阿来痛心疾呼:"要知道,在地球的生命进化史上,要是没有水,没有森林,根本就不会有人类的出现。"[4]在阿来的作品中,他在不停地对人与自然生态问题形成的原因进行拷问。

首先,人类中心主义的驱动。人类中心主义认为,在人与自

然的价值关系中,只有拥有意识的人类才是主体,自然是客体,人类的一切活动都是为了满足自己的生存和发展的需要。人类中心主义放大人类的理性作用,可以随意安排宇宙,这种观念造成人类生态价值观的扭曲,"把人类视为唯一具有内在价值的生命存在,把其他自然生命仅作为工具对待"[5]。阿来在《草木的理想国》自序中认为:"不只是人与人互为环境,还有动物们植物们构成的那个自然环境,它们也与人互为环境。"[6]阿来在其作品中不停地用他的语言敲打和拷问着人类中心主义思想和行为。阿来在作品中体现了他在竭力追求人与自然和谐的生态理想,但人类中心主义主宰下的人们的意识与行为方式无疑是其生态理想实现的巨大阻碍。在《随风飘散》中,阿来描述了满山漂亮桦木被砍伐,选取其中最优质的一段去建造某些人的居所;在《达瑟与达戈》中,人们射杀猴群时没有一丝犹豫与不忍,剔骨剥肉,取下皮、骨、肉卖到市场上。肆意地虐杀动物,这是何等残忍的行为。人类中心主义下,生态危机形成,也带来了道德沦丧、价值观混乱的社会和精神生态失调的问题。

其次,政治中心主义的功利需求。阿来在《尘埃落定》中描述到,国民党派来调节土司之间矛盾的黄特派员引诱土司们种植罂粟,以罂粟为工具,借助自然的力量,对土司们的命运和政治秩序进行远程操控。罂粟却具有了政治秩序控制的作用,然而罂粟的种植破坏了人与自然和谐的生态关系。他在《随风飘散》中谈道,机村的男人们在不理性的号召下无知而盲目地砍伐守护这片土地的森林。而这种毁林开荒运动是政治中心主义的工具性与功利性推动的,开荒毁林破坏了机村原本和谐的生态。

再次,经济负外部性的彰显。经济负外部性是经济主体的经济活动对他人和社会造成的不利的影响,是一种"非市场性"的附带影响。经济活动使他人或社会受损,而造成负外部性的人或经济组织却没有为此承担成本。在阿来的《尘埃落定》中,罂粟的种植和交易活动,为进行经济活动的土司等赚到了大量的金钱,但罂粟的种植让粮食作物减产,引发了饥荒。而鸦片的贸易让人们吸食鸦片后,身体健康恶化;为了得到鸦片,一些人不择手段,丧失了基本的人性。在罂粟的种植和鸦片的贸易下,人与自然和谐的生态关系受到影响,社会生态和精神生态开始异化。可见,种植罂粟和贸易鸦片的人获得了不菲的经济收益,但带来了不利的影响和后果,让他人和社会承担了不利的成本。阿来在《空山》中写道,人们为了获得利益,砍伐木头、淘挖黄金,导致大量森林被砍伐,植被被破坏,引发泥石流等自然灾害,最终导致田地被冲毁、村庄被破坏;许多伐木的人和贸易木头的人获得了利益,但让更多群众承担了最终破坏生态的成本。

最后,人性的迷失。阿来在其作品中对人与自然的生态问题进行拷问后,"从人与自然的关系中发现了人自身的问题"[7],认为人性的迷失是重要原因。一是遵从"权本位价值观"。在《尘埃落定》中,阿来写到,土司家族之间与家族内部充满了权力之争,一切好像都围绕权力在争斗。国民党的官员利用其争斗引诱他们种植罂粟,在权力生态下,加之经济利益的诱惑,土司们争相种植,结果导致粮食减产,引发了饥荒。在土司权力统治下,民众对土司形成了身心依附关系,只有服从土司的权力去种植罂粟,从而维持着既定的社会秩序。二是形成了金钱至上的价值观。在《尘埃落定》中,阿来谈到为了金钱利益,土司们争相种植罂粟,国民党官员和土司们获得了金钱收益,但罂粟的种植破坏了传统藏地人与自然相互依赖的和谐生态关系。《空山》中,机村人在封闭的自给自足状态下,人与自然之间形成了默契关系,随着商品利益活动的影响,金钱至上价值观侵入人们的脑海,传统价值观念摇摇欲坠。机村人将树林砍掉来获得金钱收益,将猴群射杀卖掉得到金钱,"一个存在了千年的契约被解除了"[8]。阿来的作品中既有表现阿来对人与自然和谐一体的生命敬仰的一面,如《空山》里,格桑旺堆与一头熊多次交往中最后愿意在大火中与对方同归于尽;《鱼》中人对鱼的敬畏;《遥远的温泉》中人们过去沐浴温泉时人与自然融为一体；等等。又有拷问人们凶残的一面，大量砍伐树林、射杀猴群、伤害鸟巢，这是人类过度向自然索取的表现，导致了人与自然生态关系的失调，实际是人们对自己心灵信仰的砍伐与捕杀。

三、阿来作品对人与自然生态改善的期许

阿来作品中处处昭示着人类中心主义等观念和行为导致了人与自然生态失调问题，警示人们应正确认识与维护人与自然的关系。正如张世英所说："人无论怎样在劳动生产中发挥自己的主体性，发挥自己支配自然界的技术力量，以建立主客间的统一性，都不可能消灭自然界自身的规律，不可能消灭自然界的自律性，人改造自然绝不是反对自然的规律性和必然性，而是服从和顺应自然的规律性和必然性。"[9]阿来对人与自然生态的改善充满了期许，渴望着人与自然生态家园的守望与重建，也期望着人类社会和精神生态的良性发展。

首先，期望生态整体主义的倡引。人类中心主义下，人类以貌似理性的盲目之举对自然和生物施暴，必将破坏人与自然和谐的生态关系，给人类自身带来灾难。"这种利害关系在阿来的作品中得到了展现，他站在一个前所未有的生态意识的高度发出了警示，人与自然是共存的，人在破坏自然的同时，也是在谋杀自己，他以血和痛的教训来呼吁生态整体主义。"[10]生态整体主义是生态哲学最重要的思想，其核心思想是："把生态系统的整体利益作为最高的价值而不是把人类的利益作为最高价值，把是否有利于维持和保护生态系统的完整、和谐、稳定、平衡和持续作为衡量一切事物的根本尺度，作为评判人类生活方式、科技进步、经济增长和社会发展的终极标准。"[11]也就是说，生态整体主义否定了人的发展是对于自然的压制、征服的片面性和盲目性上，主张通过人的理性的醒悟和行为去促进与自然的更好相处，最终达到人与自然在空间上的和谐和时间上的永续共同发展的目标。阿来作品充满了对倡引生态整体主义的期望，阿来作品中人与土地、人与树林、人与猴群、人与熊、人与蛇、人与温泉等都本是和谐一体，"天人合一"下的整体生态，这些和谐在发展中被打破，需要修复与重建。阿来在作品中相信在生态整体主义的倡引下，包括藏地在内的人类居所都能实现人与自然的和谐共振。

其次，期待政治生态文明的进步。《尘埃落定》中，响应国民党官员统治者的号召种植罂粟，导致了饥荒。而主人公形象傻子，在人们眼中是一个名副其实的傻子，却是保持着人本真的理性。在土司们争相种植罂粟的时候，建议其土司父亲少种罂粟，多种粮食，从而在饥荒中使其有足够的粮食度过饥荒，并趁机大赚了一笔。这表现了阿来主张在政治中心主义下，人们应保持冷静和理性，同时对政治中心主义对人与自然生态关系冲击进行批判。在《空山》中，阿来作品体现了在政治中心主义下，人们响应号召，搞生产运动，导致土地超载，粮食大量减产；毁林开荒导致树林毁灭，泥石流横行，田地和家园被毁，人与自然生态关系受到严重影响。阿来在作品中期待人们的精神生态更加理性，政治生态更加民主。

再次，期盼经济外部性的内化。在经济活动中会形成负外部性，对他人和社会形成不利的影响，经济活动获利后将生态的成本转让给他人和社会，而负外部内部化将通过制度安排让转嫁给他人和社会承担的成本转化为经济主体自己来承担的成本，对形成不利影响的他人与社会进行金钱等方式补偿。而正外部性是经济活动主体对他人和社会形成有利的影响，就应让获得好处的他人或社会向经济活动主体进行金钱等补偿。可对负外部性的经济主体征收税费等，对具有正外部性经济主体给予补贴等进行制度安排。通过征税等来抑制产生负外部性的经济活动的产生；而补贴等可激励更多具有正外部性的经济活动的产生。阿来的作品反映了这种思想，如对盗伐倒买木头的经济活动通过罚款、关入监牢等措施，让其承担破坏生态的成本；同时，对维护生态，积极进行树林种植等的经济活动，由于对社会和自然有正外部性，应进行奖励和经济补贴。拉加泽里放弃高考而从事木材走私生意，还一度入狱，这是对其的惩罚；出狱后掏腰包在机村种下几万棵树苗，理当应对其进行补偿。推进生态补偿政策，推进人与自然和谐发展是阿来作品主题的呼唤。

最后，期许人性精神生态的发展。针对人性的迷失，阿来疾呼应进行人性精神生态的进步与发展。一是应推进国民依附性人格向主体性人格转变，注重人性的解放，放松对人的控制。一部人类社会发展史就是一部人类社会不断解放的历史，在人类不断从自然中解放出来，认识自然，更好地按自然规律发展的同时，人应从自己的社会中解放出来，实现人性的解放，摆脱更多社会的枷锁，尤其是权本位下的人与人之间的依附关系和控制关系。要更多倡导社会主义核心价值，在民主、文明、和谐、自由、平等、公正、诚信、友善等价值中摆脱权本位的束缚。公共权力要做到"权为民所用""权为民所控"和"权为法所规"，增强权力的公信力，让公共权力真正成为服务公共社会的一种公平、正义、效率、人道、民主、责任的信任力。从而，推进政治文明发展，促进人性解放发展，让人们更加理性与自然和谐相处。阿来在作品中对权本位思想和行为进行批判，期待着社会平等、民主的发展，祈愿人们在积极价值中得到独立解放，让人们从容地与自然保持和谐平等的整体生态。二是应推进金钱至上向人类共同利益为重转变。要推进国民素质发展，认识到金钱是重要的，但更要认识人与自然和谐生态的人类共同利益问题最重要。《轻雷》就体现了这种期许，如拉加泽倒卖木材入狱出来后，与包括崔巴噶瓦老人等的交流，认识到自己的金钱至上的价值覆盖了人类生态利益的错误，对自然的敬畏心理得到恢复，自己掏腰包在机村种下几万棵树苗，还试图还原色嫫措神湖。《空山》中原本是机村里伐林砍木的带头人村大队长索波，觉醒生态重要性后，开始探索觉尔郎峡谷森林与鹿群的保护。

结语

当下，人类社会发展中，人与自然关系不断紧张，资源破坏、环境污染，人们正在遭受生态破坏的惩罚。关注生态，维护生态成为人类发展的中心主题。生态批评主张通过文学警示人与自然生态破坏的严重的后果，唤醒大众的生态良知，积极维护人与自然生态和谐共振。阿来在其大量作品中对人与自然的生态问题充满了隐忧和拷问，对人与自然生态改善充满了期许。从生态批评视角下揭示出阿来作品对人与自然的生态观照对唤醒民众的生态良知，警醒人们对当下严重的生态问题进行高度的重视，敦促采取切实可行的办法改善生态，推进人与自然整体生态和谐发展是一种当头棒喝。正如阿来所说"再不关注环保就没心眼了，如果对环境破坏麻木，那我们就会成为温水里煮的青蛙！"[12]

参考文献

[1] 雷毅.生态伦理学[M].西安：陕西人民教育出版社，2000：44.

[2][3][4] 阿来.大地的阶梯[M].昆明：云南人民出版社，2000：176，48，46-47.

[5] 王诺.欧美生态文学[M].北京：北京大学出版社，2003：34.

[6] 阿来.草木的理想国：自序[M].南京：江苏人民出版社，2012.

[7] 张学昕.孤独"机村"的存在维度——阿来《空山》论[J].当代文坛，2010（2）.

[8] 阿来.空山[M].北京：人民文学出版社，2009：9.

[9] 张世英.新哲学讲演录摘录[M].桂林：广西师范大学出版社，2004：1.

[10] 卢静.论阿来《空山》三部曲的生态意识[J].文学教育，2011（7）.

[11] 王诺. 为什么是生态的而非环境的？[J]. 生态文化，2012（2）.

[12] 作家阿来不谈文学谈生态，三年议案皆关环保[N/OL]. 据新华网. http：//news.xinhuanet.com/book/2016-03/07/c_128778662.htm

(《当代文坛》，2017 年第 2 期)

附录二　文学史知识自我检测

一、填空

1. 近代文学改良中，梁启超的"三界革命"是：_____，_____，_____。

2. _____年9月，_____主编的《新青年》创刊，成为新文化运动的标志。新文化运动的主要口号是_____和_____。

3. "五四"时期，文学革命倡导_____，反对旧文学；提倡_____，反对文言文，带来文学观念、内容、形式全方位的大革新、大解放。

4. 新文化运动中，胡适所著的《_____》，另外，____所著的《文学革命论》为新文学创作和理论建设做了巨大贡献。

5. 在文学革命初期，各种社会力量表示出不同的态度，先后展开了四次论争：一是"覆王敬轩双簧戏"，另外三次则是：_____、_____、_____。

6. 创造社于 1921 年成立于_____，在创作方法上倾向于_____，前期创造社的主要成员有郭沫若、_____、_____等。

7. 语丝社于 1942 年成立于北京，因出版《_____》周刊而得名，该刊主要登载_____，形成一种独特风格的"语丝文体"。

8. 鲁迅的小说集有《呐喊》《_____》《_____》，

散文诗集有《_____》。

9. 鲁迅第一部小说集的命名意在给反封建的革命者助阵作战，使他们不惮于前驱，小说主要描写了两大类人物形象：一是_____形象，二是_____形象。

10. _____的《_____》于1918年5月发表在《新青年》上，是现代文学史上第一部以现代体式创作的短篇白话小说。

11. 《阿Q正传》在具体的艺术手法上，鲁迅运用传神的_____手法，突出人物的性格特征，采用叙述体的结构和夸张的讽刺性语言。阿Q革命的目的是_____。

12. 描写用"人血馒头"来治病的小说是鲁迅的《_____》。鲁迅小说中描写"五四"以后知识分子生活的作品是《_____》。

13. 冰心的小说《_____》《_____》拉开了问题小说序幕。冰心的问题小说代表作品《_____》描写了一个冷心肠的青年被爱唤醒的故事。

14. 茅盾曾称赞作家_____的创作特色是："冷静地谛视人生，客观地，写实地，描写着灰色的卑琐人生。"

15. 《潘先生在难中》以20世纪20年代_____地区为时代和生活背景，塑造了潘先生这一明哲保身、自私精明的_____形象。

16. 执着地认为"文学作品，都是作家的自叙传"的小说作者是_____。"自叙传"抒情小说作为一股创作潮流是从_____年出版的小说集_____开始的，这也是新文学第_____部小说集。

17. "祖国呀祖国！我的死是你害我的！/你快富起来，强起来罢！/你还有许多儿女在那里受苦呢！"——发出这一呼唤的是作品《_____》中的人物形象_____。

18. 《春风沉醉的晚上》采用的叙事视角是_____，描写了知识分子"我"和女工_____的生活境遇。

19. 自叙传抒情小说的代表作家还有_____、_____。

20. 丁玲的小说《＿＿＿＿＿＿》受到茅盾的高度评价"这是大胆的描写，至少在中国的那时的女性作家中是伟大的"。

21. 以写个人心路著称的两位"五四"女性作家：＿＿＿＿、＿＿＿＿。＿＿＿＿，原名蒋伟，字冰之，代表作有小说《莎菲女士的日记》《我在霞村的时候》《＿＿＿＿＿＿》。《莎菲女士的日记》刻画人物最突出的艺术特色是心理描写。小说的主人公莎菲对＿＿＿＿＿＿的矛盾心理。

22. 庐隐的代表作《海滨故人》充满了对人生问题的思考，用抒情感伤的笔调反映了＿＿＿＿＿＿＿＿＿＿的复杂思想感情。

23. 许地山早期小说浪漫主义倾向的三大要素是：＿＿＿＿、＿＿＿＿、＿＿＿＿。

24. 许地山早期小说集《缀网劳蛛》充满异国情调，宗教色彩浓厚，但《＿＿＿＿＿》《＿＿＿＿＿＿》等后期作品改变了这一倾向，具有很强的现实性。

25. 20年代乡土作家群的代表作家有＿＿＿＿、＿＿＿＿。其中，《地之子》的作者是乡土小说作家＿＿＿＿，＿＿＿＿的小说具有"鲁迅含泪的微笑"的特点。

26. ＿＿＿＿＿＿是第一个提倡和尝试白话新诗的人，他的《＿＿＿＿＿＿》出版于1920年3月，是我国第一部新诗集。

27. 郭沫若的小说《＿＿＿＿＿＿》《＿＿＿＿＿＿》开了中国现代浪漫主义小说创作先河。

28. "除夕将近的空中，/飞来飞去的一对凤凰，/唱着哀哀的歌声飞去，/衔着枝枝的香木飞来，/飞来在丹穴山上。"出自诗人＿＿＿＿＿＿的诗作《＿＿＿＿＿＿》，诗作采用自由体新诗的形式，在形式上彻底打破了旧诗形式的束缚，摆脱了新诗胡适式的半旧不新，实现了诗体式的大解放。

29. 郭沫若的诗集《星空》表现的是＿＿＿＿＿＿＿＿＿＿＿＿的思想感情。其诗集《＿＿＿＿＿＿》表现大革命前夕郭沫若思想由低落而回升的思想感情。

30．郭沫若创作了《＿＿＿＿＿＿》《＿＿＿＿＿＿》《＿＿＿＿＿》等经典历史剧。

31．＿＿＿＿＿曾被鲁迅赞为"中国最为杰出的抒情诗人"，其代表作是《昨日之歌》。然而，他的叙事诗同样具有十分精致的艺术表现，如《＿＿＿＿》《＿＿＿＿》都是具有代表性的叙事诗。

32．中国20世纪20年代小诗的代表作家有冰心和＿＿＿＿＿，代表作品分别为《＿＿＿＿＿＿》《＿＿＿＿＿＿》。

33．小诗的特点：内容＿＿＿＿＿＿，形式：＿＿＿＿＿＿。小诗的创作主要受印度诗人＿＿＿＿＿和日本俳句的影响。

34．湖畔诗社的代表作家是＿＿＿＿、＿＿＿＿、应修人、潘漠华等，他们在文学史上的贡献是＿＿＿＿＿＿＿＿＿＿＿＿＿＿。

35．自胡适的"八事"革命，后有郭沫若主张的绝端自由的自由体诗歌泛滥，遂引发了20年代诗歌的逆动，逆动主要从两个层面展开：＿＿＿＿＿＿＿＿＿，＿＿＿＿＿＿＿＿＿。

36．早期象征派诗人中，代表作家是＿＿＿＿、＿＿＿＿、李金发等。他们提出了三大诗歌创作主张：（1）＿＿＿＿＿＿；（2）＿＿＿＿＿＿；（3）诗歌要有形式美。

37．闻一多在《诗的格律》中提出＿＿＿＿、＿＿＿＿和＿＿＿＿的诗美主张，他的第一部诗集是《＿＿＿＿＿》，他的第二部诗集是《＿＿＿＿＿》。

38．后期新月派的代表作家有＿＿＿＿、＿＿＿＿、方玮德等，主张诗歌从格律化走向＿＿＿＿，刚好与新月派前期的创作主张相反。

39．"我是天空里的一片云，/偶尔投影在你的波心——"——出自徐志摩的诗歌《＿＿＿＿＿＿》。

40．"也许铜的要绿成翡翠，/铁罐上锈出几瓣桃花；/再让油腻织一层罗绮，/霉菌给它蒸出些云霞。"——出自闻一多的诗歌

《_____》。

41. "这刻不知道下刻的命,/它有泪只往心里咽,/眼里飘来一道鞭影,/它抬起头望望前面。"出自臧克家的《_____》。

42. 林徽因,著名作家、建筑学家。著有散文、诗歌、小说、剧本、译文和书信等,代表作有《_____》《莲灯》《九十九度中》等。

43. 理论文章《_____》标志着周作人开始自觉地进行艺术散文的理论思考和创作实践,也标志着中国新文学的散文创作开始进入文体自觉时期。

44. "雨声渐渐的住了,窗帘后隐隐的透进清光来。推开窗户一看,呀!凉云散了,树叶上的残滴,映着月儿,好似萤光千点,闪闪烁烁的动着。——真没想到苦雨孤灯之后,会有这么一幅清美的图画!"——出自散文《_____》。

45. "夜间睡在舱中,听水声橹声,来往船只的招呼声,以及乡间的犬吠鸡鸣,也都很有意思。"——出自散文《_____》。

46. "像今晚上,一个人在这苍茫的月下,什么都可以想,什么都可以不想,便觉得是个自由的人。"——出自散文《_____》。

47. 朱自清的散文可分为四类:第一类_____,其代表作是《_____》;第二类:_____,其代表作是《_____》;第三类:_____,其代表作是《_____》;第四类是针对社会、现实发表议论,如《生命的价格——七毛钱》。

48. 倡导无产阶级革命文学运动的最初社团是:_____、_____和语丝社。

提出"失事求似"的历史剧创作原则的作家是_____。

49. 民众戏剧社发起的"爱美剧"运动是"五四"时期著名的戏剧改革运动,"爱美"一词是法语 Amateur 的音译,这个词的中文意思是_____。

50. 中国左翼作家联盟在成立大会上,鲁迅做了题为《_____》的重要讲话。左联成立后,先后跟_____、

_____、自由人和第三种人等文艺派别的反动或错误的文艺主张展开了斗争。

51. 前期左联作家中，最优秀的是_____，其中篇小说《为奴隶的母亲》写了典妻的悲剧，以主人公_____的遭遇控诉了旧时农村的陋习与罪恶。

52. 作家_____声称创办《论语》"以提倡幽默文字为主要目标"。

53. "茅盾"是作者在1927年发表第一篇小说_____时使用的笔名，这也是他后来最主要的笔名，之后，茅盾的作品先后排列，则成了一部20世纪上半段中国社会的编年史，其代表作有：《_____》《_____》《_____》。其中，《蚀》三部曲，即：《_____》《_____》《_____》。其后还有被称作"_____三部曲"的《春蚕》《秋收》《_____》，以三部曲的形式深刻反映了中国阶级矛盾的日益深化，_____迅速破产，以及走上反抗道路的历史必然。

54.《春蚕》中写道："这些幸运的人儿惟恐看了荷花他们一眼或者交谈半句话就传染了晦气来！老通宝严禁他的小儿子多多头跟_____说话。"

55. 茅盾创作的唯一剧本_____是以1945年轰动重庆的《黄金案》为背景写成的，剧中民族资本家的代表是_____。

56. 老舍不仅以长篇小说闻名，还写过杂文、鼓词、新诗、民歌、旧剧，后又以话剧作品蜚声文坛。老舍的长、中、短篇小说中都贯穿着一个似断实续的基本主题，即是对_____的反思和批判，继承了从鲁迅开始的关于"_____"的思考，以_____市民社会为中心，是老舍为自己的文化批判所开拓的领域。老舍笔下除了有底层"贫民形象"，如_____；还塑造了大量的市民形象，如《四世同堂》里的_____，《离婚》里的张大哥。

57. 老舍最大的贡献是：塑造了生动的市民形象系列；_____本位意识；京味小说的开拓。

58.《断魂枪》写于1935年，老舍通过艺术形象_____来反映清朝末年，辛亥革命前夕中国的社会风貌。

59. 对巴金早期思想和创作有明显影响的是_____主义。1928年创作发表处女作《_____》，标志着巴金作家生涯的正式开始。

60. 追求"写作同生活的一致""作家同人的一致"，巴金视为文学的第一要义的是_____。

61.《_____》(《雾》《雨》《电》)是巴金自己早期比较喜爱的作品。1930—1933年，是巴金创作的高峰。"激流三部曲"即《家》《_____》《_____》，其中《家》又被称作中国现代____小说的鼻祖。抗战期间创作长篇《_____》三部曲。40年代最有影响的是《憩园》和《_____》。

62. "我说是对的，哪个敢说不对？我说要怎样做，就要怎样做！"是出自《家》中的_____之口。

63. 冯乐山是《_____》中的人物，魏老头子是《_____》的人物，刘四爷是《_____》中的人物，冯云卿是《_____》中的人物。

64. 沈从文的小说《_____》塑造了萧萧这一悲剧女性形象。她12岁被当作童养媳出嫁，后被花在狗诱惑而怀了身孕，而临着"沉潭"或者"发卖"的命运。

65. 在30年代文坛上，沈从文最独特的文学贡献是田园小说。他是现代小说的代表作家。他的作品数量比较多，是现代作家中成书最多的作家之一。从题材上看，这些作品可以分为两类：_____小说，其代表作是《_____》；_____小说，其代表作是《_____》。

66.《边城》是沈从文的代表代，展示给读者的是湘西世界和谐的生命形态，小说描写了山城茶峒码头团总的两个儿子_____和_____与摆渡人的外孙女翠翠的曲折爱情。

67. 作者_____的短篇小说《菉竹山房》，讲的是

_____的故事。小说着力于环境气氛的渲染烘托,以环境气氛的渲染烘托来刻画人物表现悲剧的。

68. 由四川作者_____创作的《死水微澜》《_____》《_____》三部曲,描写了19世纪末到20世纪第一个十年中国近代波澜壮阔的历史风云,被文学史誉为"_____文学"。

69. 《山峡中》是作家_____早期小说的代表作。作者呈现了南部边境的异域风情,也着力塑造了富有顽强生命力、处处透露出生存的机智的人物形象,成功塑造了野猫子、_____、_____等性格鲜明的艺术典型。

70. 张天翼著有《速写三篇》:《_____》《谭九先生的工作》《_____》。

71. "东北作家群"中"二萧"即创作《生死场》的_____,《八月的乡村》的作者_____。

72. 京派代表作家有_____、_____、_____、萧乾等,他们是一群捍卫文学独立自由的学者型文人。1933年至1934年,中国文坛发生了一场有关"京派"和"海派"的论争,"海派"作家有_____及后来的_____派作家。

73. 废名(1901—1967),原名_____,湖北黄梅人。曾为语丝社成员,废名的代表作有长篇小说《_____》《桥》,另有短篇小说集《_____》《桃园》等。

74. 萧红在《小城三月》中描述了一个19岁的_____默默地爱着"我"的大哥,她的爱蕴含着这个出身于旧家的少女对新的世界、新的生活的向往与憧憬。

75. 新感觉派的代表作家有穆时英、_____、_____、禾金,黑婴等,它是中国最完整的一支现代派小说。

76. _____的诗被称为红色鼓动诗,代表作《血字》。

77. 《给战斗者》作于1937年底,是抗战初期一首鼓动国民奋起抗击日寇的战歌,其作者_____曾被闻一多誉为"擂鼓诗人""时代的鼓手",他的诗句就像"一声声鼓点,单调,但是响亮而沉重",“鼓舞你爱，鼓舞你恨，鼓舞你活着"。

78. 臧克家被称为"＿＿＿＿＿＿"，著有诗集《烙印》和《罪恶的黑手》等。

79. 1932年9月，成立，提倡大众诗歌。的代表作《茫茫夜》《生活》《七月流火》，臧克家的《＿＿＿＿》《罪恶的黑手》，的《大堰河》是创作中的佼佼者。

80. 现代派诗人＿＿＿＿＿＿因创作《雨巷》而被称为"雨巷"诗人。后期，诗人的创作风格有所变化，由个人的孤独忧郁转向对民族斗争的诗情，如代表诗作《＿＿＿＿＿＿》《＿＿＿＿＿＿》。

81. 因出版诗集《汉园集》而被称为"汉园三诗人"的作者是卞之琳、＿＿＿＿＿、＿＿＿＿＿。

82. "明月装饰了你的窗子，/你装饰了别人的梦。"出自诗人＿＿＿＿＿的诗作《＿＿＿＿＿＿》。反映了相对论，对于世间万物互相关联、互为依存的关系，表达出哲理性思考和人生体验。

83. 20世纪30年代散文创作出现了林语堂"以自我为中心，＿＿＿＿＿＿"和幽默闲适小品和何其芳的"＿＿＿＿＿＿"等散文。

84. 聂绀弩为我们描绘出中国女性历史的作品是《＿＿＿＿＿＿》；"孩子们救救我们"源自聂绀弩作品《＿＿＿＿＿＿》。

85. 鲁迅在创作后期倾注了大部分心血于杂文创作中，著有杂文集《＿＿＿＿＿＿》《＿＿＿＿＿＿》等。还形成了一部"试验性"创新性的小说集《＿＿＿＿＿＿》。

86. 中国现代戏剧在30年代有了重大发展。除上海戏剧社、辛酉剧社等的活动外，＿＿＿＿＿等领导的复旦剧社，领导的南国社都为戏剧发展做出了积极探索。当时在上海的部分左翼文艺家策划成立＿＿＿＿＿剧社，参加者有冯乃超、郑伯奇、沈端先（夏衍）等人。

87. 第三个十年，全国划分成四个政治区域＿＿＿＿＿、＿＿＿＿＿、沦陷区和上海"孤岛"，对应形成的地缘政治文化对文学发展形成强有力的制约。

88. 40年代战国策派在文学上主张以_____、_____和虔恪为创作的三道母题。

89. 沙汀的"三记"即《_____》《_____》和《_____》。

艾芜的短篇集_____以一个漂泊知识分子的眼光观察叙述了边疆异域特殊的下层生活。

90.《_____》是赵树理的成名作,通过边区青年农民小二黑和小芹争取婚姻自主的故事展示了真实的变迁中的农村。_____是其中最具魅力旧式妇女形象。

91.《_____》是孙犁的代表作。选自《白洋淀纪事》,与《芦花荡》是姊妹篇,是"白洋淀纪事之一"。记叙白洋淀妇女由送丈夫参军到她们自己组织起战斗队的故事。

92. 钱钟书的《围城》以《儒林外史》的描写气魄,揭露了抗战间中上层知识分子界的众生相,男主人公_____和与他发生瓜葛的女性_____、苏文纨等,以及另外的一些男性知识分子_____、顾尔谦等,形成了一个人物系列。

93. 中国20世纪40年代反映土改的作品:丁玲的《_____》和_____的《暴风骤雨》均获苏联斯大林文学奖。

94. 1944年著名翻译家_____以"迅雨"为署名发表的《论张爱玲的小说》中称赞《金锁记》是"我们文坛最美的收获之一",收入张爱玲小说集《_____》。

95.《金锁记》中麻油店老板的女儿_____被贪钱的兄嫂嫁到大户人家,备受歧视与排挤,她在夫死公亡后分得一份遗产,有着强烈的物欲、情欲和控制欲,又长期受到压抑、煎熬,形成她扭曲病态的人性。

96.《_____》这首诗是我国著名诗人_____的成名作和代表作,诗的内容带有自传性质,写出诗人的真实经历和真切感受,歌颂了贫农妇女大堰河勤劳善良的美好品质,描写了她的悲惨命运,诅咒和揭露了造成她悲剧命运的黑暗社会。

97. 艾青诗歌创作中的两大主要意象是：_____，其内涵是_____；太阳，其内涵是_____。

98. 七月派诗人受著名诗人、理论家_____的影响，以_____为诗歌创作主张。以《_____》等刊物为阵地进行创作，代表诗人有：_____、_____、_____。

99. 九叶派的代表诗人有：_____、_____、_____。诗人_____（1907—1967），浙江杭州人，原名陈守梅，又名陈亦门，文艺理论家，"七月派"诗人。代表作品有诗集《_____》，诗论《人和诗》《诗与现实》等。

100. 诗人穆旦在很年轻的时候就写过深刻思考人类爱情关系的诗篇是《_____》。穆旦在1958年被"定"为"历史反革命"后，用本名"查良铮"和笔名"梁真"翻译出版了16部著名诗人的诗集。其中，他翻译得最多的是_____的诗作。

101.《囚绿记》写于抗战前期，作者_____当时正在沦为孤岛的上海，他怀念一年前在北平时所住公寓窗外的一树常春藤。抒写自己对绿色的爱恋和怀念，实质是表达_____。

102.《雅舍》一文原载于1940年11月15日《星期评论》第一期，作者是_____，后收入其散文集《_____》。

103. 袁水拍创作的《_____》是抗战胜利后影响最大的政治讽刺诗集。40年代新歌剧的代表作是《_____》，独幕话剧《终身大事》的创作者_____。

104. 曹禺的《_____》《_____》《_____》等经典剧作，使中国现代话剧剧场艺术得到确立。

105. 在曹禺的《日出》中，宣告"黑夜过去了，太阳就要出来；但是太阳不是我们的，我们要睡了"的人物是_____。

106.《雷雨》内容的时间跨度达30年，但剧情却浓缩在_____。夏衍创作的讲述科学家俞实夫在抗战现实面前终于由不问政治到投身抗战洪流的剧本是《_____》。

107. 田汉，创造社发起人之一，创办戏剧团体南国社，主要作品有话剧剧本《_____》《_____》《回春之曲》《丽人行》《关汉卿》等。

108. 抗战时期，"剧场戏剧"的创作出现了三股潮流：历史剧，如阳翰笙的《_____》；正面描写知识分子的剧作，如_____的《岁寒图》；讽刺喜剧，如陈白尘的《_____》。

109. 报告文学集新闻性与_____性于一体，其作品最早见于"五四"时代，由_____写于1936年4月的《包身工》被公认为早期报告文学的代表作，最初发表于同年6月《光明》杂志创刊号。《包身工》是作者经过深入社会调查，掌握了大量材料后写出的报告文学，做到了深刻的思想内容和完美艺术形式的统一。

110. 宋之的的《_____》与夏衍同年发表的《包身工》被视为中国现代报告文学走向成熟的标志性作品。

111. 1895年12月28日电影在法国诞生。1905年，北京丰泰照相馆相师任景丰、刘仲伦拍摄戏剧片_____，标志着中国电影的开始。

二、名词解释

1. 文学改良
2. 诗界革命
3. 小说界革命
4. 新青年
5. 文学革命
6. 新文学运动
7. 《人的文学》文学研究会
8. 创造社
9. 新月诗派
10. 纯诗
11. 政治抒情诗
12. 问题小说

13. 自叙传抒情小说
14. 零余者
15. 20年代乡土作家群
16. 爱美剧
17. 左联
18. 革命文学
19. 社会剖析小说
20. 人道主义文学思潮
21. 性灵文学
22. 京派
23. 海派
24. 东北作家群
25. 新感觉派
26. 现代诗派
27. 知性
28. 七月诗派
29. 西南联大诗人群
30. "文协"
31. 《在延安文艺座谈会上的讲话》
32. 沦陷区文学
33. 孤岛文学
34. 解放区诗学
35. 赵树理方向
36. 山药蛋派
37. 现代评书体
38. 马凡陀山歌
39. 民族新歌剧

附录三　相关学习书目推荐

1. 赵家壁:《中国新文学大系》,上海良友图书印刷公司1935年版。
2. 温儒敏:《中国现代文学批评史》,北京大学出版社1993年版。
3. 李泽厚:《中国现代思想史论》,安徽文艺出版社1994年版。
4. 温儒敏:《中国现当代文学专题研究》,北京大学出版社2013年版。
5. 刘增杰:《中国现当代文学专题研究》,河北人民出版社2002年版。
6. 王晓明:《二十世纪中国文学史论》(1~3),东方出版中心1997年版。
7. 陈思和:《中国新文学整体观》,上海文艺出版社1987年版。
8. 贾植芳:《中国现代文学的主潮》,复旦大学出版社1990年版。
9. 林非:《中国现代散文史》;中国社会科学出版社1981年版。
10. 范培松:《中国现代散文史》,江苏教育出版社1995年版。
11. 张华:《中国现代杂文史》,西北大学出版社1987年版。
12. 朱光灿:《中国现代诗歌史》,山东大学出版社2000年版。
13. 孙玉石:《中国现代主义诗歌史论》,北京大学出版社1998年版。
14. 陈白尘、董健:《中国现代戏剧史稿》,中国戏剧出版社2008年版。
15. 夏志清:《中国现代小说史》,复旦大学出版社2005年版。
16. 杨义:《中国现代小说史》,人民文学出版社2005年版。
17. 叶子铭:《中国小说现代史》,南京大学出版社1991年版。
18. 严家炎:《中国现代小说流派史》,人民文学出版社2009年版。

19. 马良春:《中国现代文学思潮史》,北京出版社 1998 年版。

20. 王晓明:《二十世纪中国文学史论》,东方出版中心 2003 年版。

21. 谢冕:《1898:百年忧患》,"百年中国文学总系",山东教育出版社 1998 年版。

22. 程文超:《1903:前夜的涌动》,"百年中国文学总系",山东教育出版社 1998 年版。

23. 孔庆东:《1921:谁主沉浮》,"百年中国文学总系",山东教育出版社 1998 年版。

24. 旷新年:《1928:革命文学》,"百年中国文学总系",山东教育出版社 1998 年版。

25. 李书磊:《1942:走向民间》,"百年中国文学总系",山东教育出版社 1998 年版。

26. 钱理群:《1948:天地玄黄》,"百年中国文学总系",山东教育出版社 1998 年版。

27. 中国人民大学书报资料中心:《中国现代、当代文学研究》。

28. 中国现代文学研究会、中国现代文学馆合编:《中国现代文学研究丛刊》,作家出版社。

29. 洛奇:《二十世纪文学评论》,上海译文出版社 1993 年版。

30. 韦勒克·沃伦:《文学理论》,浙江人民出版社 2017 年版。

31. 童庆炳:《文艺理论基础》,高等教育出版社 2004 年版。

32. 郭绍虞:《中国历代文论选》,上海古籍出版社 1985 年版。

33. 叶朗:《美学原理》,北京大学出版社 2009 年版。

34. 王岳川、胡经之:《文艺学美学方法论》,北京大学出版社 1994 年版。

35. 张首映:《西方二十世纪文论史》,北京大学出版社 2003 年版。

36. 朱立元:《当代西方文艺理论》,第 2 版,华东师范大学出版社 2005 年版。